Herb Stumpf
Ausstieg mit Mitte 50

| HERB STUMPF |

Ausstieg mit Mitte 50

Frühpensionierung als Chance
zum Neubeginn

Kösel

2. Auflage 2003
© 2003 by Kösel-Verlag GmbH & Co., München
Printed in Germany. Alle Rechte vorbehalten
Druck und Bindung: Kösel, Kempten
Umschlag: Kaselow Design, München
Umschlagmotiv: Telle Fotografie
ISBN 3-466-30617-5

*Gedruckt auf umweltfreundlich hergestelltem Werkdruckpapier
(säurefrei und chlorfrei gebleicht)*

DRITTER TEIL:
Was machen die anderen?. 135

ERSTER TEIL

Acht Monate
von der Ankündigung
eines Frühpensionierungs-
programms
bis zum tatsächlichen
Ausstieg

Warum ich dieses Buch
schreibe

Einer meiner Freunde, gerade 50 geworden und erfolgreicher, selbstständiger Steuerberater, kam eines Tages zu mir und klagte mir zum x-ten Mal sein gleich bleibendes Leid: Eine Mitarbeiterin hatte gekündigt, zwei weitere hatten sich krank gemeldet und eine andere war schwanger geworden und fiel demnächst für längere Zeit aus. Was blieb einem mittelständischen Unternehmer? Mehrarbeit. Er musste noch mehr ranklotzen als ohnehin schon. Wieder einmal hatte er die Nase gründlich voll und dachte ans Aufhören.

Seine Story war mir nicht neu, aber diesmal kam eine interessante Variante dazu:

»Weißt du, wie man ins Berufsleben einsteigt, das sagt einem jeder – von den Eltern angefangen, den Lehrern in der Schule, später in einer Lehrstelle oder an der Universität und spätestens im ersten Job. Es gibt Vorbilder und Modelle zuhauf, man wird praktisch hineingedrängt, ob man will oder nicht. Wie man aber wieder herauskommt, wie man aufhört, das sagt einem keiner. Da bist du ziemlich alleine!«

**Wie man sein Berufsleben beendet,
das sagt einem keiner.**

Dieser Satz machte mich hellhörig, denn er traf voll ins Schwarze meiner eigenen damaligen Situation: Ich selbst hatte kurz zuvor meinen 55. Geburtstag gefeiert und war gerade mittendrin im »Aufhören«, denn justamente vor ein paar Tagen hatte ich einen so genannten »Aufhebungsvertrag« mit meiner Firma, dem großen, amerikanischen Computerkonzern Hewlett-Packard, unterschrieben. Ein weltweit angebotenes Abfindungsangebot mit vorgezogener Betriebsrente für Mitarbeiter ab fünfundfünfzig war kurzfristig angeboten worden, und ich hatte es angenommen. Dabei verblieben nur wenige Wochen Zeit, mich dafür oder dagegen zu entscheiden, denn wie so viele große Lebensentscheidungen kam auch diese völlig unerwartet und plötzlich – für mich persönlich aber genau im richtigen Moment, wie ich später merkte.

Die innere und äußere Verarbeitung dieses großen Schritts in einen völlig neuen Lebensabschnitt beschäftigte mich nachhaltig. Ich befand mich im Wechselbad der Gefühle. Hätte ich der jeweiligen Verfassung eine Überschrift gegeben, sie hätten gelautet: »Was wirst du den ganzen Tag machen?«, »Wird das Geld reichen?«, aber auch »Endlich habe ich Zeit für meine vielen anderen Interessen«:

Der Kernsatz meines Freundes war jedoch ein Auslöser, mir neben meinem Tagebuch noch ein Notizbuch anzulegen, in das ich die wesentlichen Erkenntnisse und Erfahrungen eintrug, die sich mit dem Thema »Frühpensionierung« bzw. »Ausstieg mit Mitte 50« befassten.

Dieser Begriff »Ausstieg« passt aus meiner Sicht besser als das Wort Frühpensionär: Mit 35 Jahren hatte ich schon einmal bewusst eine Industriekarriere abgebrochen – mit einem »open end« für die Zeit danach –, war mit meiner Frau in einem VW-Bus zwei Jahre um die Welt gefahren, hatte auch darüber ein Buch geschrieben, bin dann aber genauso bewusst wieder eingestiegen, weil ich damals schlicht und einfach »zu arm« war fürs Aufhören und außerdem viel zu jung.

Auszusteigen ist für mich ein freiwilliger Akt, ein aktiver Schritt, den man bewusst und von sich selbst gewollt herbeiführt. Pensionär oder Rentner wird man dagegen von selbst, ohne dass man sich darum kümmern muss – spätestens mit 65! Wer mit Mitte 50 aufhört, der oder die (weibliche Leser bitte ich mir zu gestatten, dass ich der besseren Lesbarkeit halber künftig bei der männlichen Form bleibe) ist in der Regel noch fitter als jemand mit 60 oder 65 und hat häufig die Wahl, ein so genanntes Frühpensionierungs- oder auch Teilarbeitszeitprogramm anzunehmen oder auch abzulehnen. Möglicherweise – bei Betriebsschließungen oder unzumutbaren Versetzungen und dergleichen – geschieht dieser Akt auch mit Druck von außen oder durch »höhere Gewalt«. In jedem Fall gehört dazu jedoch die eigene Entscheidung, etwas Gewohntes nicht mehr zu tun – ansonsten sucht man sich einen neuen Job. Mit »50+« nicht ganz einfach, aber auch nicht unmöglich. In den meisten Fällen reicht es allemal dazu, noch eigene Träume zu verwirklichen, kürzer zu treten oder auch noch einmal etwas Neues anzufangen. Je älter man wird und je länger man wartet, umso schwieriger dürfte die Umstellung jedoch werden.

Die Freiheit dazu spielt sich zunächst im Kopf ab. Ich gebe unverblümt zu, dass zur Realisierung auch Geld gehört. Laut Statistik haben Sie ab Mitte 50 noch gut 20 Lebensjahre vor sich und dafür braucht man noch einiges Geld.

Wenn Sie mit der ersehnten Freiheit gedanklich spielen, sollten Sie einiges beachten. Davon handelt dieses Buch. Es gibt einige praktische Erfahrungen wieder. Es versucht auch meine eigenen Ängste und Sorgen darzustellen und es soll Ihnen helfen, Ihre persönliche Finanzplanung und Ihr verständliches Sicherheitsdenken zu reflektieren und in eine brauchbare Form zu bringen.

Denken Sie daran, »Wege entstehen erst beim Gehen«, und: »Den ersten Schritt muss man selbst tun.«

Im Folgenden will ich Ihnen erzählen, wie es mir persönlich in dieser Phase, in diesem »Häutungsprozess«, erging, quasi beim »raus aus dem Job« und hinein in ein anderes Leben. Nicht mehr und nicht weniger. »Heiße Tipps« und gute Ratschläge habe ich auf ein Mindestmaß beschränkt, weil sich die entsprechenden rechtlichen Rahmenbedingungen ständig ändern und die persönlichen Umstände äußerst individuell verlaufen.

Ich wende mich an die große Gemeinschaft der Mitt- und Endfünfziger, die über ihr Leben und die ihnen verbleibende Zeit nachdenken. Menschen, die über die Midlife-Crisis hinaus sind und sich nun in einer »Krise des Aufhörens« befinden, die man auch »Exit-Crisis« oder auch »Late-Life-Crisis« bezeichnen könnte.

Für dieses Buch habe ich mir, von der Idee bis zur Vollendung, gut drei Jahre Zeit genommen. Ende September 1998 kam mein Abfindungsangebot, im November wurde ich 55, am 30. April 1999 war mein letzter Arbeitstag. Bis September des gleichen Jahres war ich offiziell beurlaubt, danach war ich sozusagen »on my own«. Erst im April 2001, also zwei Jahre später, war ich schließlich so weit, dass ich meine über die Jahre gesammelten Notizen in Buchform bringen konnte. Zwei Jahre Zeit zum »Batterieauftanken«, habe ich offensichtlich gebraucht. Erst dann war wieder die Lust da, mich einigermaßen regelmäßig an den Schreibtisch zu setzen.

Mir ist bewusst, dass sich der Teil, der in einem späteren Kapitel die finanziellen Überlegungen betrifft, an ein Publikum im so genannten Mittelstand wendet. Wer der Meinung ist, dass zum Aussteigen das Geld noch nicht reicht, der muss weiter im Job bleiben. Leider ist das so. Nicht jeder wird es sich leisten können, Mitte 50 aufzuhören.

Allerdings ist die Frage, »wie viel man braucht«, sehr individuell zu beantworten. Sie hat etwas mit laufenden Verpflichtungen zu tun, mit persönlichem Lebensstil und mit der Setzung von Lebensprioritäten. Wer nie genug hat, wird zwanghaft weiter schaffen müssen, und wer seine Sicherheitsansprüche zu hoch setzt, kann auch leicht daran ersticken. Werden auf einmal die Blutgefäße zu eng und ein Infarkt ist die Folge, oder bekommt man die Mitteilung, dass irgendwo im Körper ein Karzinom bohrt, dann ist vieles schon zu spät und Sicherheit wird dann relativ. Mit Macht, Status und Erfolg ist es ähnlich. Bekanntlich hat das letzte Hemd keine Taschen, und selbst der schönste Grabstein ist und bleibt nur ein lebloses Stück Materie zur Erinnerung. Auch der schönste Nachruf in einer großen Zeitung wird Sie nicht mehr erreichen, Ihr Leben ist vorbei. Denn »Alles verklingt wie ein Ton im Nichts!«, habe ich mir einmal sagen lassen.

Über mich und mein Leben

1943 wurde ich als Herbert Stumpf geboren, aber meine amerikanischen Freunde und Verwandten sowie meine Arbeitgeber haben mich sehr früh bereits »Herb« genannt und dabei bin ich geblieben, weil es mir besser gefiel.

Die ersten 20 Jahre meines Lebens habe ich lernend in München verbracht, dann folgte ich einer großen Lebenschance nach Liberia in Westafrika und verbrachte dort genau viereinhalb Jahre. Mit einem schönen Sack selbst verdientem Geld versehen, konnte ich mir darauf ein einigermaßen angenehmes Studium zum Wirtschaftsingenieur, wieder in München, leisten. In meinem dreißigsten Lebensjahr und mit einem frischen Diplom in der Tasche stieg ich erneut in die so genannte Arbeitswelt ein, wollte möglichst rasch Karriere machen und auch wieder Geld verdienen. Ein Traineeprogramm bei einem amerikanischen Weltkonzern erschien mir dazu als geeigneter erster Schritt, dem einige weitere auf der langen beruflichen Leiter folgten.

Als ich 34 war, starben innerhalb von nur 14 Monaten erst mein Stiefvater, dann mein Schwiegervater und schließlich meine Mutter. Sie alle waren gerade mal 65 Jahre geworden. Ich stellte mir die Frage, wie lange meine eigenen Tage dauern würden – und erfüllte mir wenig später einen großen Lebenstraum: Ich stieg beruflich aus, kaufte mir einen VW-Bus und fuhr zusammen mit meiner Frau für zwei Jahre um die Welt. Darüber schrieb ich mein erstes Buch mit dem schlüssigen Titel *2 Jahre mit dem VW-Bus um die Welt*. Es verkaufte sich siebzehn Jahre lang ohne jede Werbung, bis mein Verleger mit 53 seinen Verlag, die Druckerei und den Copy-Shop verkaufte und mit dem Erlös nach Kanada auswanderte. Auch einer, der rechtzeitig darüber nachdachte, »was ist und was noch bleibt«.

Weil nach dieser großen Reise, die auch eine Reise nach innen war, mein Geld wieder ziemlich zu Ende war und ich mit meinem Leben noch etwas anderes, möglichst Sinnvolles anfangen wollte, knüpfte ich in etwa da an, wo ich vorher aufgehört hatte, und suchte mir einen neuen Job – was zu meiner Überraschung erstaunlich einfach war. Dabei hatte ich das große Glück, in einem sehr fortschrittlich und liberal geführten amerikanischen Computerkonzern, der Firma Hewlett-Packard, zu landen, der mir sowohl eine befriedigende berufliche wie auch menschliche Weiterentwicklung erlaubte. Da ich mich dort sehr wohl fühlte, blieb ich 18 Jahre lang, bis zu meiner vorzeitigen Pensionierung im Alter von 55. Dies war dann mein zweiter und – auch endgültiger Ausstieg – aus der Industrie.

Was ich seitdem lebe, ist ein großes Stück Freiheit! Weil ich finanziell unabhängig bin, muss ich meine Zeit nicht mehr verkaufen. Damit bin ich zum ersten Mal in meinem Leben wenigstens nach außen hin wirklich frei. Ich sehe dies als ein großartiges Geschenk, dessen Wert ich täglich schätze und worüber ich mich genauso häufig freue. Ich habe keinen Umsatzdruck mehr, brauche mich nicht mehr um das Wohl und Wehe von Mitarbeitern und Kollegen zu kümmern, kann auf Anzüge und Krawatten verzichten und muss nicht mehr ständig auf die Uhr schauen. Dinge, die zu meiner äußeren Freiheit gehören. Innere Freiheit ist etwas anderes, die muss man sich – etwas mühsamer – im Kopf erarbeiten. Darauf werde ich später noch ausführlicher eingehen.

Late-Life-Crisis

Angelehnt an die bekannte und viel zitierte Midlife-Crisis, nenne ich den Zeitraum, der sich irgendwo und irgendwann zwischen Anfang 50 und längstens 65 abspielt, eine »Late-Life-Crisis«. Bevor ich darauf eingehe, definiere ich, was überhaupt eine Krise ist:

Eine Lebenskrise ist kein Normalzustand. Sie dauert eine begrenzte Zeit, in der durch äußere oder innere Einflüsse das Leben eines Menschen durcheinander gerät. Sie entsteht allmählich aus dem normalen, steten Fluss des gewöhnlichen Alltags heraus oder auch durch einen plötzlichen, unerwarteten Schlag, kommt zu einem gewissen Höhepunkt und geht dann wieder in einen anderen, normalen Zustand über.

Jeder Mensch macht solche Krisen durch, aber nicht jeder muss alle gleich intensiv oder überhaupt mitmachen. Die erste Lebenskrise findet bei der Geburt statt, mit dem Austritt aus der Geborgenheit des Mutterleibs. Sie fängt in der Regel mit einem Klaps auf den Po an und kulminiert im ersten Geschrei. Danach beginnt das eigentliche Leben, und das Leben außerhalb des Mutterleibs wird das normale. Die zweite große Krise macht auch noch jeder mit, sie ist bekannt als Pubertät und erwischt einen in verschieden starken Ausprägungen. Vergleicht man den Lebenszyklus mit den Jahreszeiten, handelt es sich hier um den Frühling.

Eine Midlife-Crisis findet – wie der Name sagt – in der Mitte des Lebens statt, also irgendwann zwischen Mitte 30 und Mitte 40. In dieser Zeit werden Fragen aktuell wie »Ob ich den richtigen Beruf gewählt habe oder vielleicht noch einmal neu anfange«, »Ob – weil die Ehe kriselt – mein Partner oder meine Partnerin zu mir passt?«, »Sind die Werte, die mir in der ersten Hälfte meines Lebens wichtig waren, noch immer die richtigen und vor allem die eigenen?« Mann oder Frau ist auf der Höhe der eigenen Kraft, hat eine Ausbildung und genügend berufliche Erfahrung, stellt jedoch vieles in Frage und hat die Power, noch einmal neu zu beginnen. Im Vergleich zu den

Jahreszeiten würde man diese Fragestellungen dem Sommer zuordnen. Diese bewegte Zeit sollte vorbei sein, wenn man die 50 überschritten hat, entsprechend der Tatsache, dass man mehr als die Hälfte des Lebens bereits hinter sich hat. Man nähert sich dem Herbst, in dem die Tage kürzer und die Schatten länger werden, in dem zwar noch manch kräftiger Sturm blasen kann, die Gewitter des Sommers im Allgemeinen aber vorbei sind und die Tage ruhiger werden. Wer diese Rechnung in Frage stellt, ist ein großer Optimist; er muss dann nämlich 100 und mehr werden.

Es soll auch noch eine »End-Life-Crisis« geben, das ist die, wenn man selbst darüber nachdenkt, ob es Zeit ist, den Wohnsitz in ein Altersheim zu verlegen, oder wenn die Angehörigen verzweifelt einen Platz im Pflegeheim suchen. Dann ist die Zeitspanne, von der ich in diesem Buch rede, auch längst gelebt. Dann ist sozusagen Winter geworden, die Tage sind nur noch kurz und das Frösteln gehört dazu.

Die »Late-Life-Crisis«, mit der wir uns beschäftigen, liegt im späten Sommer oder im frühen Herbst und ist auf eine kurze Zeit – maximal ein paar Jahre – beschränkt: Man scheidet aus dem Berufsleben aus – was meist mit dem Verlust von Macht, Status und Prestige verbunden ist –, überprüft seine Finanzen und fragt sich, ob das Geld reicht. Weil man nicht mehr endlos Zeit hat und weil man die Jahre, die man in dieser Phase unbewusst lebt, nicht hinten anhängen kann, muss man sich auch die generelle Frage vom Sinn und Ziel des Lebens stellen. Ein kluger Kopf hat einmal gesagt, dass fünf Jahre mit 60 so kostbar sind wie die zehn Jahre ab 20, und das letzte Lebensjahr so wertvoll ist wie die ganze Zeit davor.

Der Ausstieg aus dem Beruf ist meist mit dem Verlust von Macht, Status und Prestige verbunden.

Ein paar einfache Zahlenspiele verdeutlichen diese Feststellung sehr gut: Bei einer durchschnittlichen Lebenserwartung des Mannes von etwa 75 Jahren bleiben ab 55 noch 20 Jahre. Fünf Jahre davon sind

25 Prozent des Restlebens, zehn Jahre die Hälfte. Im Klartext: Wer nicht mit 55 aus dem Berufsleben aussteigt, sondern erst mit 60, hat ein Viertel weniger. Wer erst mit 65 ausscheidet, hat nur noch zehn Jährchen oder die Hälfte weniger als der, der mit 55 aufhört. (Dabei unterstelle ich einen guten Gesundheitszustand und nicht einen »Lebensabend« mit Krankheit und Siechtum!) Ich gehe auch davon aus, dass man im Allgemeinen in den zehn Jahren zwischen 55 und 65 besser drauf ist als in der Dekade zwischen 65 und 75.

Nachdenklich geworden? Wenn ja, dann gönnen Sie sich an dieser Stelle eine Pause. Bleiben Sie bei Ihren Gedanken und lesen Sie erst dann weiter. Vielleicht erhöhen Sie die durchschnittliche Lebenserwartung auf kühne 80 oder auch 90, oder Sie reduzieren sie auf 70 und führen meine Prozentrechnung auf die persönliche Hoffnung Ihres Lebensalters durch. Denken Sie jedoch daran, dass Ihre Kalkulation auf den Faktor Hoffnung aufgebaut ist. Und dann überlegen Sie, ob es außer Ihrer Arbeit noch andere Inhalte und Ziele gibt, denen Sie gerne folgen würden und für die Sie gerne mehr Zeit hätten. Wenn Sie dann weiterlesen, finden Sie vielleicht noch ein paar interessante Informationen.

Nicht nachdenklich geworden? Dann muss Ihnen Ihr Job schon sehr viel Spaß machen. Ihre Interessen sind voll mit Ihrem Beruf verbunden, Sie haben darin quasi die Erfüllung gefunden und Ihre Kreativität erschöpft sich in der jährlichen Urlaubsreise, in der Sie sich eigentlich schon wieder nach Ihrem geliebten Job und Ihrer eigenen Unverzichtbarkeit sehnen. Vielleicht sind Sie gar nicht so neugierig auf das, was es sonst noch gibt, haben dazu auch nie viel Zeit gehabt und außerdem sind Sie damit, wie alles ist, recht zufrieden. Wenn dies der Fall ist, klappen Sie dieses Buch jetzt endgültig zu. Aber halt, da ist doch noch was! Irgendwann werden Sie – so Gott will – 65. Und dann? Weg mit dem Job, weg mit dem Status, weg mit der Macht, weg mit ... Was dann? Ist dann nicht alles ziemlich leer, wenn da sonst nichts ist?

Doch weiterlesen? Okay. Dann beginne ich jetzt damit, Ihnen meine eigene Geschichte zu erzählen, welche Unsicherheiten und

Ängste ich dabei durchmachte, wie ich damit umging, wie ich meine Entscheidungen aufbaute und zu welchen Ergebnissen ich dabei kam, was für mich wichtig und unwichtig wurde. Auch einige Erfahrungen mit Behörden, die man dabei macht, will ich Ihnen nicht vorenthalten. Alles schön der Reihe nach, aber auch nicht nur.

Vorher möchte ich noch anmerken, dass ich keinesfalls etwas gegen »Arbeit« an sich habe. Ganz im Gegenteil, sonst würde ich jetzt im Liegestuhl sitzen und nicht dieses Buch schreiben. Ich hatte aber irgendwann eine gewisse Aversion gegen das so genannte »Corporate Life«, gegen die Fremdbestimmung von oben und von manchem Kunden, gegen den Druck, ständig nicht nur etwas, sondern mehr bringen zu müssen, und gegen einige Sachzwänge, die nicht mehr meinem eigenen Stil entsprachen. Und ich spürte schon lange den Wunsch in mir, noch etwas völlig anderes zu machen, ohne darauf achten zu müssen, wie viele Dukaten der Esel dabei ausspuckt. Ich war immer noch neugierig und wusste, dass da noch eine ganze Menge an Interessantem ist, für das ich bisher viel zu wenig Zeit hatte. Es war mir auch ziemlich klar, dass eine neue Freiheit, die ich suchte, nicht in einer Art »untätigen Freiheit« untergehen durfte, denn diese könnte ansonsten in eine gähnende Langeweile, in eine nervtötende Sinnlosigkeit übergehen. Natürlich hatte ich davor unterschiedlichste Ängste.

Vielleicht geht es Ihnen, wenn Sie sich aktuell in dieser Lebensphase befinden, in einigen Punkten genauso. Vielleicht ist es für Sie hilfreich zu erfahren, wie ich schließlich meine Zweifel überwand. Wenn Sie nun Lust haben, dann lesen Sie jetzt weiter.

Wie es anfing

Wären da nicht meine Tagebücher, könnte ich die Zeit ehrlich gesagt nicht mehr genau nachvollziehen. Ich würde vermutlich meinen, alles fing so unerwartet an, wie der Tag, an dem in meiner Firma die Verkündung eines weltweiten Frühpensionierungsprogramms »Ab 55« aufkam – so war es aber nicht! Es war vielmehr eine innere Evolution und kein plötzlicher Schlag, die mich mehr und mehr zu anderen Themen und anderen Wünschen zog, weg von meiner sehr vertrauten Informations- und Computertechnologie, weg von den alltäglichen Managementfragen, weg von dem, was ich lange Jahre mit sehr viel Spaß, echtem Engagement und auch Erfolg betrieben hatte. Ich konnte mich identifizieren mit dem Konzern, für den ich arbeitete, mit meiner Arbeit, ich mochte meine Kollegen und Mitarbeiter, ich hatte eine gute Vertrauensbasis bei meinen Kunden und Geschäftspartnern, konnte über mangelnde Anerkennung nicht klagen, und ich wurde dafür auch noch gut bezahlt, mit zusätzlichem Firmenwagen, Pensionsplan und einem sehr fortschrittlichen Arbeitszeitmodell. Ich kann sagen, ich war einer von denen, die morgens gerne ihren Job antraten und die abends mit dem Gefühl nach Hause gingen, es war alles andere als Maloche. Ich hatte auch eine wirklich freie Wahl, dieses Programm mit einer fairen, aber keineswegs üppigen Abfindung anzunehmen – oder zu bleiben. Es war alleine meine freiwillige Entscheidung und nicht der »goldene Handschlag«, den man nicht ablehnen kann!

**Ich habe meinen Job gerne gemacht,
dennoch entschied ich mich zum vorzeitigen Aufhören.**

Als ein Mensch, der lange Jahre nur das geglaubt hat, was er mit eigenen Augen gesehen hat und mit dem eigenen Verstand begreifen kann, sehe ich inzwischen andere Zusammenhänge. Wenn ich heute zurückblicke, dann schien ein wesentliches Ereignis ein anderes zu bewirken, irgendwann machte es »klick« und ich war da, wo ich heute bin: ohne festen Job, weitaus selbstbestimmt und insgesamt recht zufrieden mit dem, was das Leben bringt.

Vielleicht war die erste wichtige Vorbereitung, dass ich bereits lange davor, genau zehn Jahre vor meinem Ausscheiden aus der Industrie, anfing zu malen. Eine Tätigkeit, die mir in meiner Schulzeit viel Spaß bereitet und zu der ich auch einiges Talent hatte. Mein damaliger Lehrer hatte mir sogar empfohlen, etwas Gestalterisches oder auch Künstlerisches zu erlernen. Seinen Rat hatte ich jedoch verworfen. Ich folgte stattdessen dem Sicherheitsbedürfnis meiner Mutter und schlug eine mehr technische Laufbahn ein. Am liebsten wäre ihr gewesen, ich wäre ein braver Beamter, mit lebenslanger Arbeitssicherheit und festem Pensionsplan geworden – so weit mochte ich ihr aber dann doch nicht folgen.

Über das Malen und die Begegnung mit ganz anderen Menschen ging eine sehr intensive Selbsterfahrung einher, die mich neugierig machte und mir langsam, aber stetig neue Wege wies, die ich ein Stück weit gehen wollte. An einigen Stellen geriet mein Leben durcheinander, aber nicht aus den Fugen. Ich genoss es vielmehr, endlich etwas Wesentliches neben meinem Beruf zu haben, das mir echte Freude bereitete und mein Leben sowohl ergänzte als auch bereicherte. In meiner Euphorie riss ich ein Jahr später neben meinem Haus die Garage ab und baute an ihrer Stelle ein schönes Atelier, denn meine neue Leidenschaft brauchte einen festen Raum und ein Zuhause. Das Auto meiner Frau bekam einen Carport und mein Firmenwagen musste im Freien übernachten.

Zu meinem eigenen Erstaunen bewirkten diese neuen Impulse nicht etwa ein Abflauen meiner Effektivität und meines Interesses an meinem eigentlichen Job, sondern genau das Gegenteil. Es folgten die besten und erfolgreichsten Jahre meines ganzen Berufslebens. Meine Zuständigkeit lag im Vertriebsbereich und mein Team und ich bekamen fast alle Aufträge, die wir wollten. Jahrelang wurden wir gefeiert, wir waren im Konzern bekannt und anerkannt, von außen wurde ich immer wieder von Headhuntern angesprochen. Ich hatte das Gefühl, das Leben war wieder einmal sehr gut zu mir. Eigentlich hatte ich mir schon sehr früh das Ziel gesteckt, ab 50 ans Aufhören zu denken, aber noch war nicht der richtige Zeitpunkt; vieles lief zu gut. Außerdem waren da noch ein paar Schulden auf meinem Haus und mein Gesamtvermögen war noch zu dünn. Auch meine Frau, die ein paar Jahre jünger ist als ich, wollte noch nicht aussteigen.

So kam irgendwann, aber folgerichtig und pünktlich, mein vierundfünfzigster Geburtstag. Das neue Lebensjahr fing beruflich miserabel an. Wir hatten in der Ausschreibung einer großen Behörde einen Formfehler gemacht und verloren dadurch einen dicken Auftrag im Softwarebereich. Es war überaus ärgerlich, denn dies hätte nicht sein müssen. Aber es sollte nicht dabei bleiben. Es folgten noch viel größere Brocken. Eine Ausschreibung folgte der anderen, wir arbeiteten an verschiedenen Großbaustellen im EDV-Bereich, ob Hardware oder Software, ob Dienstleistung oder Beratung, insgesamt an Projekten im Gesamtwert von mehr als 150 Millionen Euro. Jeder gewonnene Auftrag bedeutete Mehrbeschäftigung und jeder verlorene die Sorge um den möglichen Verlust von festen Arbeitsplätzen, von Umbesetzungen oder von Ausgliederungen. Mein Glück schien sich auf einmal in eine dicke Pechsträhne verwandelt zu haben, es war wie vertrackt – wir verloren nur noch und ich stand vorne, als der Dirigent. Das Orchester spielte schön, aber das Publikum zollte keinen Beifall. Am 14. September dieses Jahres, wir hatten gerade wieder einmal eine herbe Niederlage erlitten, schrieb ich in mein Tagebuch: »Dieses Jahr ist mein berufliches Waterloo.«

Irgendwann im Sommer davor hatten auch bei Hewlett-Packard die Diskussionen um ein Frühpensionierungsprogramm und eine Altersteilzeit begonnen, wie es später in verschiedenen Industriezweigen und auch im öffentlichen Dienst in ähnlicher Form eingeführt werden sollte. Es sah vor, dass man aufgrund einer »Teilzeitregelung ab 55« zweieinhalb Jahre voll und die folgenden zweieinhalb Jahre überhaupt nicht arbeiten konnte, und dass man während dieser fünf Jahre etwa 80 bis 90 Prozent des bisherigen Gehalts erhielt, um dann anschließend nahtlos in Rente zu gehen. Nach einigen Wochen der Überlegung trat ich aus dem Schatten heraus und signalisierte, dass ich daran interessiert sei und dass man mit mir, falls man dieses Angebot tatsächlich vorlegen würde, somit noch etwa zwei Jahre rechnen könnte. Mir war klar, dass ich mich damit sozusagen »ge-outed« hatte und meine Karriere dadurch beendet war. Kein Mensch innerhalb des Konzerns würde mir für diese zwei Jahre noch einen großartigen neuen Job anbieten. Aber aus zwei Gründen war es mir wichtig, meine Firma so frühzeitig über meine Ausstiegspläne zu informieren: Zum einem aus Fairness gegenüber meinem Arbeitgeber, und zum anderen für meine eigene Lebensplanung. Ich hatte damit einen klaren Grenzpflock für mich und die anderen gesetzt, und es gab ein neues Stück Klarheit und Raum für eine völlig neue Perspektive.

Es sollte jedoch anders kommen! Nur zwei Tage, nachdem ich in meinem Tagebuch den Vergleich mit Napoleon und Waterloo vermerkt hatte, fragte mich ein Kollege: »Sag mal, wann wirst du eigentlich 55?« »Im November«, war meine Antwort. »Dann kann ich dir jetzt sagen, dass ich gestern erfahren habe, dass in den nächsten Tagen offiziell ein weltweites Abfindungsprogramm mit Frühpensionierung verkündet werden wird, das aber bis Ende des Geschäftsjahres, also bis 31. Oktober, unterschrieben sein muss. Dieses gilt für alle, die dieses Jahr noch 55 werden oder älter sind.« Ich spürte, wie mein Adrenalinspiegel anstieg, denn eine Bemerkung war mir aufgefallen: Bedeutete »dieses Jahr« den Ablauf des Geschäftsjahres (also 31.10.) oder des Kalenderjahres? Ich rief sofort bei der Personalleitung an und erfuhr Genaueres: Es gelte das Kalenderjahr, die genauen Konditionen würden noch im Laufe des Tages per E-Mail an alle in Frage kommenden Mitarbeiter versendet werden. Ich war erleichtert, ich konnte dabei sein – falls ich wollte –, denn im November würde auch ich 55 werden.

Noch am selben Tag kamen erste Details: Die Firmenzentrale in den USA hatte das in Deutschland diskutierte »Teilzeitprogramm ab 55« aus Kostengründen abgelehnt und anstelle dessen ein eigenes Angebot erstellt. Es sah eine Abfindung vor nach der Formel »pro

Jahr der Firmenzugehörigkeit ein halbes Monatsgehalt, maximal jedoch ein volles Jahresgehalt, sowie einen zusätzlichen allgemeinen Sockelbetrag von 10 000 Euro«. Als Termin des letzten Arbeitstages wurde generell der 31. April 1999 festgelegt, danach konnte man sein »Arbeitszeitkonto« und den Resturlaub abfeiern, worauf man zu einem entsprechend individuellen Termin endgültig aus der Firma ausschied. Die Firmenpension würde ab dem Folgemonat des Ausscheidens bezahlt werden, mit der einzigen Auflage, nicht bei einem direkten Bewerber neu anzufangen.

Dies war zunächst ein sehr allgemeines Angebot. Vieles war unklar und keiner der Betroffenen war darauf vorbereitet. Nur eines war definitiv: Zum 31. Oktober musste die Unterschrift da sein, das Ganze geschah auf freiwilliger Basis, kein Mensch wurde gezwungen zu gehen. Im Klartext jedoch: Innerhalb von sechs Wochen musste ich mein Leben neu entscheiden! Sehr wenig Zeit, denn jetzt erst begannen viele Fragen und diese folgten dicht gedrängt:

> **In kürzester Zeit heißt's
> viele Fragen zu klären.**

- Was würde ich eigentlich den ganzen Tag tun, wenn ich nicht mehr morgens aufstehen und in meinen gewohnten Job gehen könnte? Auf einmal wurde aus einer lange gehegten Sehnsucht ein leichtes Unbehagen! Der Traum war plötzlich greifbar nahe – und schon kam die Angst vor dem noch nicht Vertrauten.
- Musste oder sollte ich mich arbeitslos melden? War das überhaupt moralisch gerechtfertigt, wenn ich meinen Job freiwillig aufgab?
- Wie lange und in welcher Höhe bekäme ich Arbeitslosengeld?
- Wie viel der Abfindung würde auf das Arbeitslosengeld angerechnet werden?
- Würde es Sperrzeiten oder Ruhezeiten geben?
- Welche Auswirkungen auf die Rente hätte mein vorzeitiges Ausscheiden?
- Wie viel Rente könnte ich überhaupt erwarten?

- Würde mein Gesamtkapital reichen?
- Wie viel Geld brauchte ich eigentlich insgesamt für den absehbaren Teil meines restlichen Lebens?

Ehrlich gesagt, davon hatte ich keine Ahnung! Dies war der heikelste Punkt für mich, denn ich wusste bis dahin nur, wie viel ich verdiente und dass ich damit gut leben konnte, aber ich wusste nur ungefähr, wie viel ich davon wirklich monatlich ausgab. Ich holte bis dahin quasi Geld aus der Tasche – und wenn keines mehr drin war, ging ich zur Bank und holte neues. Den Kontostand kontrollierte ich zwar regelmäßig und mein Limit war das monatliche Gehalt, denn ich mochte weder Kontoüberziehungen noch Dispokredite. Bis dahin hatte ich immer das gute Gefühl, »es reichte«, denn ich war einigermaßen bescheiden und weder ich noch meine Frau hatten überzogene Ansprüche. Außerdem füllte meine gute, zuverlässige Firma zum jeweils Letzten des Monats mein Konto mit zuverlässiger Regelmäßigkeit wieder auf. Daran hatte ich mich über viele Jahre gewöhnt, es war wunderbar! Sollte ich diesen schönen Zustand, dieses warme Nest wirklich aufgeben?

Dann tauchte auch die Frage auf, wie sich meine Frau und Partnerin, meine Familie und meine Freunde verhalten würden. Viele in meinem Umfeld würden noch Jahre weiterarbeiten, ich aber würde schon bald woanders sein – mit der Bezeichnung Rentner, Pensionär, vielleicht auch abgestempelt als Arbeitsloser oder gar als Nichtstuer. Wo würden meine Inhalte sein, wo die Ziele, wo die neuen Herausforderungen? Würde mich noch jemand brauchen oder auch nur wollen? Würde mir überhaupt noch jemand Fragen stellen oder würde ich bald als völlig nutzloses Fossil nur noch meine Tage vergeuden, quasi sinnlos, ohne Inhalt in den Tag hineinleben?

Es waren auf einmal sehr viele Fragen und alle mussten innerhalb weniger Wochen genau beantwortet werden, denn jeder Fehler konnte nachhaltige Langzeitwirkungen haben. Von der durchschnittlichen Lebenserwartung ausgehend hatte ich 20 Jahre im Voraus zu planen, als Optimist nahm ich mir aber 30 Jahre vor.

In meinem unmittelbaren Bereich waren fünf Kollegen betroffen, in ganz Deutschland waren wir 200. Jede(r) hatte zwar die gleichen Fragestellungen, aber völlig andere Ausgangswerte. Es gab keine generellen Antworten, höchstens allgemein gültige Hinweise und die Möglichkeit, sich miteinander auszutauschen. Auch die Firma hatte keine passenden Schablonen. Letztlich war jeder auf sich alleine gestellt. Und im Buchladen war auch nichts zu finden! Außer ein paar Werken, wie man finanziell und materiell das Alter sichert. Hätte ich damit jedoch erst jetzt angefangen, wäre ich um etliche Jahre zu spät gekommen! Ich musste das notwendige Geld jetzt haben – oder nie. Darüber war ich mir aber zu diesem Zeitpunkt noch nicht sicher.

Mein eigentlicher Job bekam schlagartig eine zweitrangige Priorität, die aktuelle Lebensphase und die Entscheidung darüber lagen nun im Vordergrund. Vertraute Menschen mit diesbezüglicher Erfahrung gab es wenige, nur ein paar ehemalige Kollegen, die vor etwa drei Jahren ein ähnliches Programm meiner Firma angenommen hatten. Zwischenzeitlich hatte sich aber eine ganze Menge im sozialen Bereich, wie Renten- und Arbeitslosenversicherung, geändert; im Prinzip mussten alle Punkte aktualisiert und neu angeschaut werden. Und dies gilt auch noch Jahre danach: Gesetze und Richtlinien verändern sich ständig und damit auch die Bedingungen.

Die Entscheidung zur Frühpensionierung ist auch eine Rechenaufgabe.

Allerdings, und das spürte ich sehr deutlich, war in der Tiefe meiner Seele sofort klar – wenn es einigermaßen reichte, dann würde ich gehen. Mit fünfzig hatte ich schon mehrfach lauthals behauptet, ich wäre hier und jetzt bereit, meine Kündigung, mit fünf Jahren vordatiert, zu unterschreiben – nun war ich tatsächlich und unvermittelt nur wenige Wochen davor. Das »Altersteilzeitarbeitsprogramm ab 55« wäre mir aus rein finanziellen Gründen sehr viel lieber gewesen, aber es lag nicht vor, es war von der Firmenleitung in den USA klar abgelehnt worden. Es gab nun nur noch diesen Alternativvorschlag, der zwar nicht ideal war, aber er könnte mir dafür schon in gut einem halben Jahr eine unglaubliche Freiheit bescheren und mir wertvolle Jahre schenken.

Von nun an war im Wesentlichen alles nur noch eine Rechenaufgabe, es gab eine riesige Verlockung und ein mächtiger Stein war ins Rollen gekommen.

Die Seele ist den Weg
bereits gegangen

Genau eine Woche nach Vorlage meines Abfindungsangebots wurde ich zu einer großen Informationsveranstaltung eines namhaften Prozessorherstellers nach München, ins Hilton Hotel, eingeladen. Dort wurden eine neue Prozessorfamilie und die Strategie für die nächsten Jahre vorgestellt. Am selben Abend notierte ich in meinem Tagebuch:

»Die Männer in ihren vornehmlich grauen oder blauen Einheitsanzügen und mit den Bügelfalten an der gleichen Stelle, mit der gerade noch leichten Unterscheidung in der Farbe des Hemds, jedoch in der wiederholten Ähnlichkeit der Längsstreifen sowie dem mehr oder weniger dezent gehaltenen Bunt der Seidenkrawatten ähneln sich im Ausdruck der Gesichter und der Gestik in geradezu grotesker Weise. Die Frauen in diesem Reigen, früher noch ein Lichtblick, sind leider auch nicht mehr viel anders, in ihren langweiligen Neutralkostümen oder Hosenanzügen oft kaum noch von Unsereinem zu unterscheiden. Sie haben sich uns Männern auf erschreckende Art und Weise angepasst. Dazu kommen das gleichartige Sich-produzieren-Wollen, die Wichtigtuerei mit dem Handy in der Hand während der Pausen, das Heischen nach Aufmerksamkeit und bewundernden Blicken. Alles wirkte wie eine Vanity Fair, ein nur noch kurioses, amüsantes Theater der Eitelkeiten, das mir gewaltig gegen den Strich geht! Und ich weiß, ich will nicht mehr länger einer von denen sein – ich bin es auch nicht mehr! Wahrscheinlich bin ich schon längst woanders – die Seele ist den Weg bereits gegangen! Dieses plötzliche Abfindungsangebot ist kein reiner Zufall; es kam zur rechten Zeit und ist die richtige Unterstützung meiner eigenen inneren Evolution. Es reicht, ich werde gehen. Ich bin auch nicht mehr der richtige Mann am richtigen Ort! Und ich habe keine Lust, nur wegen der Tageskasse noch länger im Ring zu stehen!«

Das war's dann auch. Inzwischen lag das Abfindungsangebot auch schriftlich und im Detail vor – und trotzdem oder gerade deswegen wurden meine Ängste und Zweifel noch vertieft. Nachts wachte ich immer wieder mit ähnlichen Träumen und Gedanken auf, tagsüber rechnete ich die gleichen Zahlenreihen ständig aufs Neue durch, versuchte die erforderlichen Termine bei der Rentenversicherung und beim Arbeitsamt zu bekommen, besprach mich mit den paar Kollegen in gleicher Situation, abends war es Thema zu Hause und bei Freunden. Inzwischen waren es auch nur noch vier Wochen bis zur Unterschrift – oder auch nicht, falls ich bleiben würde. Nur ich selbst konnte diese Entscheidung über die nächsten Jahre meines Lebens treffen. Ich spürte aber deutlich, wie mein Geist bereit war – und dies war die wichtigste Voraussetzung. Allerdings war dieser Geist, wie ich auch noch Monate später herausfinden musste, noch keineswegs ruhig und stabil. Aber er hatte sich auf den Weg gemacht!

Kapitalsturz

»Ohne Moos nix los!« Dieser bekannte Spruch war die Quintessenz meiner folgenden Vorgehensweise, welche schließlich die Antwort erbringen musste: »Kann ich es mir leisten oder nicht?« Dazu war eine genaue Aufstellung meiner gesamten zukünftigen Einkünfte erforderlich, mit Zeitpunkt ihrer Auszahlung, und daneben eine Auflistung all meiner monatlichen Kosten sowie ein Jahresbudget unter Einbeziehung einer realistischen (also normalen) Inflationsrate.

An dieser Stelle war zwar eine gewisse Penibilität erforderlich, aber mit einem Zuviel an Sicherheit – zum Beispiel bei der Annahme der Inflationsrate – hätte ich mir den Wind ganz bestimmt vorzeitig aus den Segeln genommen! Mit einem gesunden Augenmaß und einem »pragmatischen Optimismus« kann man davon ausgehen, dass eine ganze Reihe von Einkünften in etwa oder zumindest teilweise der Inflationsrate angepasst werden können; z.B. die gesetzliche und/oder eine private Rente bzw. Pension, Betriebsrenten, Mieteinnahmen, Einkünfte aus verzinslichen Anleihen (steigt die Inflationsrate, lässt in aller Regel eine Zinserhöhung nicht lange auf sich warten), sogar bei fundiert ausgewählten Aktien oder guten Aktienfonds darf man davon ausgehen, dass sie im Mehrjahresvergleich steigen. Die Baisse der Jahre 2000/2002 und die damit verbundenen Kursverluste mögen diese Feststellung zwar hinterfragen, aber das macht die Wahl, wie man seine Altersreserven investiert, sicher nicht leichter.

Klar ist, dass man das in Aktien geparkte Vermögen nicht zu jedem beliebigen Zeitpunkt abrufen kann; manchmal braucht man dazu ganz gewiss Nerven und Sitzfleisch. Ebenso klar ist aber, dass Sie Ihr gesamtes Kapital nicht jederzeit abrufbar brauchen; einen guten Teil sollten Sie ohnehin für einen Zeitraum von fünf oder zehn Jahren parken, um dann einen aktuellen Bedarf ausgleichen zu können. Kursgewinne aus Aktien sollte man allerdings regelmäßig glatt stellen – auch dies hat diese Baisse gezeigt, namentlich der katastrophale Verfall des neuen Marktes und der gesamten Informations- und Telekommunikationsbranche.

Wie viel Sie später vererben wollen, ist auch Ihre Sache. Ich kenne einen alten Herrn mit 82, er besitzt ein Millionenvermögen, seine Kinder sind auch nicht gerade arm, aber er spart noch immer »fürs Alter«. Dabei ist er noch durchwegs klar im Kopf – und dennoch hat er eine Macke! Ein weit verbreitetes Symptom, das in vielen von uns steckt: Man war sein Leben lang sparsam, vielleicht sogar von einem gewissen Geiz geplagt, und irgendwann kann man gar nicht mehr anders. Platt ausgedrückt: Wer sein Leben lang mit Currywurst und Pommes zufrieden war, wird sich schwerlich zum Patron von Feinschmeckerlokalen wandeln, auch wenn er irgendwann im Geld schwimmt.

Bevor ich Ihnen in einem späteren Abschnitt einige neutral gehaltene Gesichtspunkte und Vorschläge zu einer langfristigen Kapitalübersicht und auch Kostenplanung anbiete, möchte ich bei meinem eigenen zeitlichen Ablauf bleiben und in der Reihenfolge der Ereignisse weitererzählen. Denn zu meiner persönlichen Entscheidungsfindung fehlten noch zwei wichtige Komponenten: die Höhe der zu erwartenden Rente und ein Gespräch mit dem Arbeitsamt.

Das mit dem Arbeitsamt musste leider sein, auch wenn es mir selbst peinlich erschien; denn eine Unkenntnis bestimmter Regeln und Bedingungen, für den Fall, dass man sich später für eine vorgezogene Rente entscheidet, könnte üble Folgen haben. Im Übrigen ist das Arbeitsamt immer dabei: Auch wer ein »Altersteilzeitprogramm ab 55 oder später« (in jedem Fall vor 65) in Anspruch nimmt (z.B.: zweieinhalb Jahre voll/zweieinhalb Jahre nicht arbeiten, bei ca. 85 Prozent Gehalt), wird ebenso über das Arbeitsamt mitfinanziert, auch wenn er anschließend nahtlos in Rente geht. Gleiches gilt für individuelle Frühpensionierungsprogramme großer Konzerne, die auch in aller Regel mit der lokalen Arbeitsverwaltung ausgearbeitet sind. Diese Varianten haben nur nach außen den Vorteil, dass man eventuell den Nimbus eines »Arbeitslosen« vermeidet. Der (Mit-) Zahler im Hintergrund ist jedoch derselbe.

Einen Termin bei der *Rechtsberatungsstelle* des lokalen Arbeitsamts bekam ich innerhalb einer Woche, auf die Beratung der *Bundesversicherungsanstalt für Angestellte* (BfA) musste ich ganze vier Wochen warten. Ich begab mich also zunächst ins Arbeitsamt.

Erster Besuch beim
Arbeitsamt

Mit einer gewissen Beklemmung fuhr ich an einem schönen, beinahe goldenen Oktobertag, schon ganz früh am Morgen zum lokalen Arbeitsamt. Im Kopf plagten mich Bedenken, ob es überhaupt und auch generell richtig sei, vom Arbeitsamt etwas zu wollen, nachdem ich mein Arbeitsverhältnis ja völlig freiwillig beenden würde. Ungefähr in dem Sinne: »Wer seine Fenster selbst einschlägt, kann nachher den Schaden auch nicht seiner Glasversicherung melden«.

Meinen Termin beim Rechtsberater hatte ich auf acht Uhr gelegt, denn ich hoffte, zu dieser Zeit sei der Andrang noch gering und der Mann habe genügend Zeit für meine Fragen. Der neue Bau in der Innenstadt, in allerbester Lage, genau neben der Oper gelegen, wirkte wenigstens von außen freundlich und als ich die großzügige Eingangshalle betrat, glaubte ich mich mehr in ein gutes Hotel versetzt als in eine triste Behörde. Die Dame hinter dem Informationsschalter schien auch kein Morgenmuffel zu sein, denn sie wies mir freundlich den Weg zu Herrn X, außerdem verströmte sie den Duft eines Parfüms, das ich sehr mag. Fast wollte ich ihr das sagen, aber dann riss ich mich doch am Wickel und ermahnte mich, dass ich ja in einer ganz ernsthaften Angelegenheit hier sei, denn es ging um Geld und bestimmte Spielregeln, die ich dazu in Erfahrung bringen wollte. Trotzdem fühlte ich mich nicht ganz wohl und wurde auch den Eindruck nicht los, hier irgendwie nicht reinzupassen.

> **Informationen über gesetzliche Regelungen
> sind für die weiteren Überlegungen notwendig.**

Herr X empfing mich auch ohne Wartezeit, ich war der erste Besucher in seinem kleinen, aber lichtdurchfluteten Büro. Nach der Begrüßung, und nachdem ich ihm gegenüber, an seinem Schreibtisch Platz genommen hatte, fiel mir sofort auf, dass darauf ein »falscher« Computer stand – nämlich nicht einer von meiner Firma. Ich wies ihn schäkernd darauf hin und er verstand mein Späßchen. Mit einem Grinsen sagte ich noch: »Deshalb werde ich bei meiner Firma auch einen Auflösungsvertrag unterschreiben, aber vorher brauche ich noch ein paar Informationen.« Das Eis des ersten Kontakts war somit gebrochen und ich bekam alle meine Fragen präzise beantwortet.

So erfuhr ich, dass ich aufgrund meines Alters und meiner Beitragzeit einen Gesamtanspruch auf ein Arbeitslosengeld von 26 Monaten habe, dass von diesem aber, wenn ich »durch einen Aufhebungsvertrag das Arbeitsverhältnis löse«, eine »Sperrzeit« abgezogen wird und mein Anspruch damit »um 195 Tage – ein Viertel der Anspruchsdauer – gemindert wird«, weil ich »ohne wichtigen Grund das Beschäftigungsverhältnis gelöst oder durch ein arbeitsvertragswidriges Verhalten Anlass für die Lösung des Beschäftigungsverhältnisses gegeben und dadurch die Arbeitslosigkeit zumindest grob fahrlässig herbeigeführt« habe. Das Arbeitsamt werde außerdem in diesen verbleibenden 19 ½ Monaten meine Beiträge für die Renten-, Pflege- und gesetzliche Krankenversicherung begleichen. Dazu käme in meinem Fall ein »Ruhenszeitraum« von zwölf Wochen, während dem zwar die Zahlungen an die Rentenversicherung nicht, dafür aber an die gesetzliche Krankenkasse »ab Beginn des zweiten Monats des Ruhens« bezahlt werden; dass der »Ruhenszeitraum« aber nicht wie die »Sperrzeit« die Anspruchsdauer mindert. Kompliziert? Ich hab's auch nicht gleich kapiert, aber alles erst einmal eifrig notiert! Zu meinem besseren Verständnis bekam ich einige Broschüren mit, die aber auch nur ganz allmählich und nach Rücksprache mit Kollegen Licht ins offizielle Deutsch dieser Heftchen brachten.

Des Weiteren lernte ich – zu meinem Erstaunen – dass ich, falls ich eine »vorgezogene gesetzliche Rente«, z.B. ab 60, will, »innerhalb des letzten Jahres vor Beginn dieser Rente insgesamt 52 Wochen arbeitslos« gemeldet sein muss, auch wenn ich weder Arbeitslosengeld noch Arbeitslosenhilfe beziehe (Arbeitslosenhilfe würde in meinem Fall aus finanziellen Gründen ohnehin ausscheiden). Aber genau dies ist der Knackpunkt: Falls ich die Rente ab 60 will, muss ich mich arbeitslos melden, ob ich will oder nicht, egal, ob ich es richtig oder falsch, moralisch oder unmoralisch, ästhetisch oder un-ästhetisch finde! Es ist so. Eine Frührente bedingt vorherige Arbeits-losigkeit!

Leider sagte man mir weder hier noch später bei einem ersten Be-such bei der BfA, dass es sinnvoll sei, während der zweimonatigen Sperrfrist einen »freiwilligen Beitrag in Mindesthöhe« in die Renten-versicherung einzuzahlen, damit ich den Anspruch auf »Rente wegen Erwerbsunfähigkeit« nicht verliere. Dieser bedarf nämlich eines zehnjährigen nahtlosen Zahlungsverlaufs, sonst erlischt er. Lei-der erfuhr ich dies erst zwei Jahre später, bei einem nochmaligen Be-such bei der BfA – als es bereits zu spät war. Ich übe mich seitdem in »positivem Denken« und hoffe, dass ich diesen Versicherungs-schutz nicht brauchen werde.

Auf die letzte Kommastelle genau wird mir gesagt, wie viel man mir pro Woche überweisen würde, dass ich dem »Arbeitsmarkt zur Vermittlung zur Verfügung zu stehen« habe, dass ich mich »aktiv« auch selbst auf Jobsuche begeben müsse, dass ich keine »Nebentä-tigkeiten ausführen« dürfe oder, falls ich dies täte, diese sofort dem Arbeitsamt melden müsse, und – dass ich als Arbeitsloser sogar »drei Wochen im Jahr Anspruch auf Urlaub« hätte, diesen jedoch vor Antritt melden müsse, genauso wie die Rückkehr, damit ich dem Arbeitsmarkt wieder unverzüglich zur Verfügung stünde.

Und so weiter ...

Das mit dem »Urlaub« brachte mich zum Schmunzeln und ich wurde zusätzlich über einen besonders freundlichen Passus auf-geklärt, der Folgendes besagt: »Wer 58 Jahre und älter ist, kann Arbeitslosengeld oder Arbeitslosenhilfe unter erleichterten Voraus-setzungen beziehen. Die Regelung ist für Arbeitnehmer gedacht, die in fortgeschrittenem Alter ihren Arbeitsplatz verloren haben, zum frühesten Zeitpunkt aus dem Erwerbsleben ausscheiden wollen und deshalb nicht mehr an der Aufnahme einer neuen Beschäftigung interessiert sind.«

Was heißt unter »erleichterten Voraussetzungen«? Wieder der offizielle Wortlaut: »Sie können Arbeitslosengeld ... – abweichend von den sonst geltenden Regelungen – auch dann erhalten, wenn Sie gar keine Beschäftigung mehr aufnehmen möchten. Außerdem sind Sie nicht mehr verpflichtet, sich selbst um eine neue Beschäftigung zu bemühen ... Darüber hinaus können Sie sich nach vorheriger Absprache mit dem Arbeitsamt längere Zeit, nämlich bis zu 17 Wochen im Kalenderjahr – in besonderen Fällen auch für eine längere Dauer – außerhalb Ihres Wohnortes (z.B. auch im Ausland) aufhalten, ohne dass Ihr Anspruch auf Arbeitslosengeld oder Arbeitslosenhilfe entfällt.«

Dieser Teil ist in einem so klaren Deutsch gehalten, dass sogar ich ihn auf Anhieb verstehe. Auf alle Fälle finde ich ihn sehr »kundenfreundlich« und entgegenkommend. Denn dass man mit Ende 50 tatsächlich noch auf dem Arbeitsmarkt vermittelt werden kann, ist und bleibt eine Ausnahme, beinahe schon eine Illusion. Leider.

Insgesamt, so ergab meine Überprüfung, ist das »Angebot« zu gut, als dass ich es ablehnen könnte; sowohl die Höhe der monatlichen Zahlungen als auch der zwingende Passus mit der Rentenversicherung reduzierten meine Bedenken auf ein moralisches Mindestmaß. Was ich absurd fand, ist, dass ich, unabhängig von meinem Vermittlungswillen, in der Statistik als »Arbeitsloser« geführt werde. Ein völliger Blödsinn, der auch hinreichend bekannt ist, aber aus politischen Gründen schwer zu ändern ist. Aber ich habe den Versuch schon lange aufgegeben, alles aufgrund meiner eigenen Logik zu verstehen. So wollte ich also frohgemut zunächst in eine Arbeitslosigkeit mit drei Wochen Jahresurlaub gehen und dann, »unter erleichterten Voraussetzungen«, mir die letzten zwei Jahre bis zur vorgezogenen Rente – zwar ohne »Stütze«, weil die dann abgelaufen ist, dafür auf eigene Kosten – einen schönen Lenz machen, weil ich höchstwahrscheinlich »gar keine Beschäftigung mehr aufnehmen möchte«.

Deutschland, du bist ein gutes, ein sehr soziales Land! Ob wir uns das alles leisten können – diese Frage muss zum Glück nicht ich beantworten! Und über das, was in dieser schönen Republik alles nach Reformen schreit und doch nicht verändert wird – darüber ärgere ich mich auch nur noch immer kürzer.

Bei der »Bundesversicherungsanstalt
für Angestellte«

Mein Besuch bei der BfA, ein paar Wochen später, führte zu einer Ernüchterung, als ich die Höhe meiner gesetzlichen Rente erfuhr. Da ich einen Termin hatte, war die Beraterin gut vorbereitet und hatte sofort einen Ausdruck vorliegen, aus dem meine Versicherungszeiten genau hervorgingen. Inklusive anrechenbarer Hochschulzeiten und der zu erwartenden Arbeitslosigkeit kam ich auf 35 Versicherungsjahre. Als ich später zu Hause in aller Ruhe nachrechnete, hatte ich dabei fast ausnahmslos Höchstbeiträge, also bis zur Beitragsgrenze bezahlt und zusammen mit meinen jeweiligen Arbeitgebern im Laufe der Jahre ziemlich genau 150 000 Euro überwiesen.

**Der erste Schock: die Höhe der zu
erwartenden Rente.**

Dafür, so lernte ich am Schluss der Beratung, werde ich, nachdem auch das Arbeitsamt die monatlichen Zahlungen an die BfA eingestellt hat, mit etwa 57 ½ Jahren eine »Rentenanwartschaft« von genau 1.221 Euro erworben haben. Ob ich dann später mit 60 oder 65 in Rente gehe, verändert die Höhe dieser Summe nicht; sie bleibt gleich, egal, ob das Geld fünf Jahre länger liegen bleibt oder nicht – denn das Geld ist ja in Form eines echten Vermögens gar nicht vorhanden und kann damit auch nicht in Form von Zinsen arbeiten. Es ist wahrlich »virtuell«, was laut Duden heißt »der Kraft oder Möglichkeit nach vorhanden; scheinbar« – was soviel bedeutet wie »nichts auf dem Konto, aber irgendwie kommt das Geld schon her«. Steigen tut es alleine – solange die Politiker dies wollen oder können – über die mehr oder weniger jährlichen Rentenanpassungen.

Ginge ich jedoch mit 60 in Frührente, würden davon pro Monat vorgezogener Rente 0,3 Prozent abgezogen werden – macht auf fünf Jahre ein Minus von 18 Prozent oder 218 Euro und somit eine Rente von gerade noch 1 001 Euro. Zieht man die Eigenbeteiligung zur gesetzlichen Krankenversicherung von circa 6,5 Prozent ab, bleiben gerade noch 936 Euro. Wahrlich nicht besonders üppig!

Sterbe ich dummerweise vorher und ist keine Witwe da – dann ist sogar das ganze Geld weg! Wahrlich eine unglaubliche Rendite! Ein Leben lang bezahlt – und nichts auf dem Konto!

Hätte ich die gleichen 150 000 Euro über die Jahre in eine private Rentenversicherung einbezahlen können, wie dies z.B. für einen Selbständigen möglich ist, so hätte sich auch unter konservativer Betrachtungsweise ein Vermögen von bestimmt 250 000 Euro angesammelt und dieses hätte mir ab 55 eine Sofortrente von mindestens 1 750 Euro beschert. Notabene: Eine Sofortrente mit 55 und keine »Frührente« mit 60, die mit irgendwelchen fragwürdigen Auflagen verbunden ist, wie »der (bei der BfA) Versicherte muss innerhalb des letzten Jahres vor Beginn der Rente insgesamt 52 Wochen arbeitslos« gewesen sein. Ginge ich erst mit 60 oder gar 65 in Rente, würden die monatlichen Auszahlungen mathematisch genau und nachvollziehbar sogar noch deutlich auf gut 2 500 Euro steigen.

Für mich ist diese so genannte »Sozialversicherung« unsozial. Sie stellt eine gewaltige Mogelpackung dar, wie genauso die gesetzliche Krankenversicherung im Übrigen auch: Warum kann sich jeder Selbständige daraus freikaufen, warum haben angestellte (nicht freiberufliche!) Ärzte und noch ein paar andere privilegierte Berufsgruppen eine eigene Altersversicherung, warum zahlen Beamte und Berufspolitiker da nichts hinein, warum werden über die gesetzlichen Versicherungen alle möglichen versicherungsfremden Leistungen finanziert, warum ist eigentlich kein Grundkapital in dieser Versicherungsart, warum muss man quasi von der Hand in den Mund finanzieren? Und warum kann beispielsweise der Bund nicht Teile seiner Industrie- und Immobilienbeteiligungen als permanentes Vermögen in diese Rentenversicherung einbringen, damit diese endlich eine eigene Substanz hat und nicht nur von den monatlichen Zahlungen und von Bundeszuschüssen abhängig ist? Eine derartige Reform würde zugleich dieses Damoklesschwert der demoskopischen Schwankungen entschärfen! Warum wird jeder Einwanderer mit deutschem Stammbaum großzügig aus dieser Kasse bedient – obwohl er oder sie da nie eine Mark einbezahlt hat – und nicht aus einem dafür zuständigen und aus allgemeinen Steuermitteln subventionierten Sozialsystem, an dem fairerweise auch die Selbständigen, Freiberufler, Beamte und auch die Politiker beteiligt sind? Wohl doch nur, weil in diesem Land die Lobbys zu stark sind und diese Republik zu echten Reformen inzwischen völlig unfähig ist.

Dieses Rentensystem hat nichts mehr mit nachvollziehbarer Rechtsstaatlichkeit – also von Egalität ausgehend – zu tun, sondern mit staatlicher Willkür und mit Chaos. Und es ist unglaublich unfair, weil sich jeder, der sich diesem Zwangskorsett nicht entziehen kann, betrogen vorkommen muss.

In anderen Ländern, beispielsweise in der Schweiz, zahlt jeder, egal ob Selbständiger, Freiberufler oder Beamter, in die staatliche Rentenversicherung, jeder bekommt daraus einen fairen Anteil, und wer mehr haben will, kann sich zusätzlich privat, und steuerlich subventioniert, absichern. Damit ist eine wirkliche Gleichheit geschaffen und nicht wie bei uns Ungleichheit, die als sozial verkauft wird. In eine staatliche Solidargemeinschaft, und nichts anderes ist ein Sozialsystem, gehört schließlich jeder Staatsbürger und dies ohne Ausnahme! Ansonsten, bitte schön, Herr oder Frau Sozialminister oder Bundeskanzler, möchte ich auch eine eigene Versicherung für (besser bezahlte) Diplom-Ingenieure, Physiker, Chemiker, Kaufleute, Volkswirte etc.! Und die schlechter gestellten Gruppen finanzieren wir über das allgemeine Steuersystem. Das sähe dann zwar nicht mehr ganz so sozial aus, wäre aber ehrlich.

Unser gesetzliches Krankenkassensystem ist sogar noch einen guten Deut schlimmer: Dieses können Yuppies, Singles und Besserverdienende ohne weiteres ab einer bestimmten Einkommensgrenze verlassen und von der gesetzlichen in eine private Krankenversicherung überwechseln. Was bleibt, sind immer weniger hoch entlohnte Zahler und immer mehr Menschen mit niedrigerem Einkommen, die wiederum weniger einzahlen, sowie Familien mit Kindern und eine immer älter werdende Bevölkerung, die insgesamt mehr Leistung abrufen. Die Beamten und Berufspolitiker sind – wie könnte es anders sein – auch hier nicht dabei! Natürlich sind sie privat versichert! Sozial oder unsozial? Selbst wenn Sie, verehrter Leser, zur privilegierten Kaste gehören, sollten Sie wenigstens ganz still und heimlich dieses System in Frage stellen. Ich persönlich halte das ganze so genannte Sozialversicherungssystem inzwischen schlichtwegs für ein staatlich subventioniertes Leichenschiff, an dessen wirklicher Reform sich jede Regierung, gleich welcher Couleur, vorbeimogelt! Der Grund ist einfach: 50 Prozent unserer Parlamente bestehen in aller Regel aus Beamten und diese haben kaum ein Interesse, an ihren eigenen Privilegien auch nur irgendetwas zu verändern. Somit wird wohl kaum noch mehr als ein »Reförmchen« (siehe Mai 2001) ohne einen gewaltigen Crash – will heißen »Zahlungsunfähigkeit« – in absehbarer Zeit aus diesem Gesetzgeber herauskommen; egal, ob Schwarz, Rot, Grün, Gelb oder auch bunt gemischt. In der Verteidigung ihrer Pfründe sind sich alle Politiker einig und von den »Wahlschafen« kommt kein Druck. Denn wir gehen weiter zur Wahl, machen brav und korrekt alle vier Jahre unsere Kreuzchen auf den Wahlzetteln und wiegen uns in dem schönen Glauben, dass dann viel passiert. Aber es ist nicht viel anders, als ob wir Kreuzchen machten wie beim »Schiffchenversenken«. Alles scheint eben doch nur ein Spiel zu sein ... Und wer es zu ernst nimmt, ist an seinem Frust wohl selber schuld.

Für mich persönlich bleibt nach diesem enttäuschenden Besuch ein großer Trost: Meine gute amerikanische Firma zahlt mir nach knapp 18 Dienstjahren eine höhere Betriebspension als die deutsche BfA nach 35 Jahren. Und diese sogar sofort! Ich brauche nur noch zu unterschreiben und mir zu überlegen, ob und wie viel ich zusätzlich an Einkommen brauche – und ob ich dafür geeignete Mittel habe. Die ausgebeutete Rentenkasse alleine macht es sicher nicht!

Und noch etwas bringt dieser Besuch: Er senkt meine innere Hemmschwelle, Geld von der *Bundesanstalt für Arbeit* anzunehmen, mich als »Arbeitslosen« registrieren zu lassen. Hier bekomme ich eine Sachleistung für einen Schaden, den ich durch die Akzeptanz eines Auflösungsvertrages selbst herbeigeführt habe, und bei einer anderen so genannten Sozialversicherung bin ich ein Leben lang gemolken worden, mit einer schlechten Rendite. Wenn ich alles zusammenrechne, dann hat dieses so genannte Sozialsystem an mir insgesamt immer noch mehr als gut verdient. Ich habe das Gefühl, ich darf nun auch einmal etwas daraus entnehmen, denn ich bin einer von denen, die auch viel einbezahlt haben.

Die große Rechnung

Was jetzt kommt, verehrter Leser, ist möglicherweise eine Enttäuschung für Sie, denn vielleicht haben Sie gehofft, dieser Herb Stumpf wird nun genau offen legen, wie viel Geld er hat und was er damit gemacht hat. Tut er aber nicht! Sie werden verstehen, dass ich meine persönlichen Finanzverhältnisse nicht vor einem breiten Publikum darlegen möchte. Deshalb arbeite ich mit fiktiven Zahlen und einer erfundenen Person, quasi einem »virtuellen Aussteiger«. Damit dieser Herr wenigstens etwas gemeinsam mit mir hat, gebe ich ihm einen ähnlich langweiligen Namen wie den meinen und nenne ihn »Alfred Müller«.

Zusätzlich habe ich jedoch den Anspruch, an dieser Stelle einige Anlageformen darzustellen. Ich habe sie selbst eingehend geprüft und teils in meine Finanzierung eines notwendigen zusätzlichen Einkommens mit einbezogen, teilweise aber auch wieder verworfen. Da ich nicht vorhabe, ein »Lehrbuch zur Finanzierung im Rentenalter« zu verfassen, kann ich Ihnen allerhöchstens einige Anregung vermitteln. Ihre eigene Situation ist letztlich so individuell, wie jeder von uns ein Prototyp und damit unterschiedlich ist. Dazu gehören verschiedene familiäre Verhältnisse, anders ausgeprägte Werte, Ansprüche an Status und Lebensstil sowie Risikobereitschaft bzw. Sicherheitsbedürfnis in Bezug auf die einzelnen Anlageformen. Diesen höchst unterschiedlichen Ausgangspositionen entsprechend sind meine Bemerkungen in allgemeiner Form gehalten und nur in wenigen Ausnahmen detailliert gefasst. Wenn ihre finanzielle Situation bereits »im Trockenen« ist, überlesen Sie diesen Teil und schlagen Sie das nächste Kapitel auf. Allerdings staune ich immer wieder, wie geradezu naiv und hilflos auch Akademiker das Thema »Altersfinanzierung« angehen. Kaum einer ist sich im Klaren, wie viel Vermögen er insgesamt besitzt, selten bezieht jemand die natürliche Mehrung mit ein oder einen Minderbedarf an Geld mit steigendem Alter, die Substanz – seien es Immobilien oder Aktien – wird fast nie aufgelöst, sondern meist unbewusst vererbt. Die meisten tun so, als ob sie von mageren Sparbuchzinsen leben müssten, eine mögliche Inflationsrate in schwindelige Höhen steigen könnte und last but not least als ob wir alle mindestens 90 Jahre oder länger leben würden. Wie auch in vielen anderen Lebenssituationen fehlt es häufig an »Mut zur Tat«, der Faktor Sicherheit wird zum Verhinderer des eigentlichen Wollens.

Mit erhobenem Zeigefinger (!) merke ich an dieser Stelle an, dass Geld zwar wichtig ist und einen erheblichen Grad an Freiraum schafft, dass es aber keinesfalls das allein selig machende Attribut zum Ausstieg ist. Auf die »weichen«, inneren Faktoren gehe ich an anderer Stelle ausführlich ein! Diese sind geprägt von Hoffnungen und Ängsten, Träumen und Vorstellungen, Lebensenergie oder auch Ratlosigkeit.

Müllers Liste

Eine beispielhafte Altersfinanzierung.

Alfred Müller, Diplomkaufmann, hat sich nach reiflicher Überlegung und nach genauem Geldzählen dazu entschlossen, im nicht mehr ganz jugendlichen, jedoch auch noch nicht vergreisten Alter von 55 Jahren seinen Job als Abteilungsleiter im Rechnungswesen eines großen deutschen Automobilzulieferbetriebs an den Nagel zu hängen. Er ist verheiratet, hat zwei Kinder, von denen eines bereits fest im Beruf steht und ihn finanziell nicht mehr belastet, das andere, eine jüngere Tochter, studiert noch etwa zwei Jahre. Nachdem er die Ausbildung seiner Kinder langfristig über eine entsprechende Versicherung abgedeckt hat, belasten ihn diese nur noch durch sporadische Zuschüsse. Seine Frau Brigitte hat selbst insgesamt 20 Jahre in die Rentenkasse einbezahlt, ist zwei Jahre jünger als er selbst und kann im Alter von 63 mit einer eigenen Rente von etwa 750 Euro rechnen. Ihren Beruf als Journalistin übt sie seit mehr als fünf Jahren nur noch nebenbei aus.

Die Müllers bewohnen ein Einfamilienhaus in der Nähe einer größeren Stadt; es gehört ihnen seit 20 Jahren und ist bis auf 30 000 Euro abbezahlt. Daneben besitzen sie eine kleine Zweizimmerwohnung im Wert von 150 000 Euro, die seit drei Jahren schuldenfrei ist und eine regelmäßige Monatsmiete von netto 500 Euro einbringt. Ihre Beziehung ist zwar nicht mehr ganz jung und fürchterlich leidenschaftlich, dafür aber sturmerprobt und gefestigt.

Brigitte Müller ist eines von drei Kindern und Tochter eines ehemaligen städtischen Beamten. Ihr Vater ist vor einem Jahr verstorben und ihre inzwischen 83-jährige Mutter lebt alleine in einem Haus, das aus steuerlichen Gründen bereits auf die drei Kinder überschrieben wurde. Die Mutter hat jedoch Nutzungsrecht bis zu ihrem Tod; danach kann das Haus verkauft werden, der aktuelle Marktwert liegt bei etwa 300 000 Euro. Brigitte, die ihre Mutter liebt und ihr ein möglichst ewiges Leben wünscht, weiß jedoch, dass ihr nach aller Voraussicht innerhalb der nächsten zehn bis fünfzehn Jahre 100 000 Euro zufließen werden.

Alfred Müller selbst stammt aus einer Künstlerfamilie, die ihm nicht viel hinterlassen konnte. Sein Vater war zwei Mal verheiratet, seine Mutter sogar drei Mal. Beide liebten das Leben, sind jedoch relativ jung, mit Mitte 60, verstorben. An sein Leben als Vollwaise musste sich Alfred schon als Dreißigjähriger gewöhnen, aber es hat ihm geholfen, seine eigene Vergänglichkeit rechtzeitig zu begreifen. Weil beide Elternteile nicht das beste Händchen für Geld und Zahlen hatten, war dies der eigentliche Grund dafür, dass Alfred sich entschlossen hatte, den lockeren Stil seiner beiden Alten zu kompensieren und nicht wie diese auch eine künstlerische Laufbahn einzuschlagen. Er zog Sicherheit und ein regelmäßiges Einkommen vor. So entschied er sich für ein mehr bürgerliches Leben, das ihm folglich zwar weniger Zeit für seine eigene Selbstverwirklichung erlaubte, ihn dafür aber regelmäßig gut ernährte. Sigmund Freud lässt grüßen ...

Vor genau sechs Monaten wurde Alfreds Firma von einem größeren Konzern übernommen, Alfred hatte bei den Mergerverhandlungen sogar noch konstruktiv mitgearbeitet, aber als Resultat gab es seine Abteilung im Prinzip doppelt. Wo die Größeren die Kleineren schlucken und wenn es dabei Doppelbesetzungen gibt, setzen sich in aller Regel auch die Häuptlinge desjenigen durch, der die Mehrheit hat – und so fühlte sich Alfred ziemlich rasch überflüssig. Er wurde zwar nicht gedrängt zu gehen, aber man war nicht traurig, als er von selbst kam und einen Auflösungsvertrag vorschlug. So verhielt sich die Firmenleitung einigermaßen großzügig, schlug ihm eine einmalige Abfindung von 110 000 Euro vor, eine Firmenrente nach Ausscheiden von 1 300 Euro im Monat sowie »Stock Options« mit einem Marktwert von etwa 15 000 Euro, die er innerhalb von drei Jahren einlösen müsste. Außerdem würde er nach einer Frist von drei Monaten, die man zur Übergabe seiner Geschäfte für sinnvoll hielt, freigestellt werden, und da er als leitender Angestellter einen entsprechenden Vertrag hatte, würde sein Gehalt noch volle sechs Monate weiterlaufen. Damit die Abfindung möglichst niedrig besteuert wird, vereinbart er, zum 31. Januar 2003 auszuscheiden.

Vom Sternkreis war Alfred im Zeichen des Steinbocks geboren, also im Januar, und so rechnete er sich aus, dass er 56 sein würde, bis er ganz von der Gehaltsliste seiner jetzigen Firma verschwinden würde. Wenn er sich also keinen neuen Job suchen würde, hätte er damit vier Jahre bis zu einer vorgezogenen Rente wegen Arbeitslosigkeit, die es zu überbrücken gilt. Alfred prüfte sich, sein Bankkonto sowie sein gesamtes sonstiges Vermögen, besprach sich ausführlich mit seiner Familie und mit seinen besten Freunden und kam zu folgender Rechnung:

Scheidet er zum 31.12.2003 aus, steht er bis dahin auf der Gehaltsliste seiner Firma. Am 15. Januar 2003 wird er 56 und zum 1. Februar 2003 meldet er sich, ganz im Sinne der aktuellen sozialen Gesetzgebung, als eigentlich Arbeitsunwilliger arbeitslos und verfälscht wie hunderttausend andere die Statistik, bekommt dafür aber gutes Geld und eine vorgezogene Rente. Er rehabilitiert sich geistig mit dem Gedanken, dass ihm dafür der gleiche Staat vorher einen guten Teil seiner einmalig auszuzahlenden Abfindung weggesteuert hat.

A. Ausgaben

Brigitte Müller hatte rechtzeitig rechnen und haushalten gelernt und führt seit Jahren ein »Haushaltsbuch«. Pro Monat und tagesgenau notiert sie darin die Kosten der Familie Müller nach folgendem einfachen Schema:

Variable Ausgaben (Euro)

Datum	Haushalt	Restaurant	Kleidung	Unterhaltung	Auto	Reisen	Sonstiges
01.03.							
02.03.							
03.03.							
04.03.							
05.03.							
usw.							

Erklärungen:

Haushalt =
im Wesentlichen Einkäufe aus dem Supermarkt, beim Gemüsehändler etc.

Unterhaltung =
Kino, Theater, Bücher, CDs, Zeitungen, Magazine, Hobbys etc.

Restaurant / Kleidung / Auto / Reisen
= ohne Erklärung

Sonstiges =
alles andere, wie Telefon, Friseur, Kosmetik, Blumen, Zuzahlungen zu Arzt, Heilpraktiker, Geschenke, Investitionen, Reparaturen etc.

Fixkosten (Euro)
Diese werden ein Mal pro Jahr erfasst und beinhalten alle regelmäßigen Ausgaben, wie Mieten, Strom, Wasser, Heizkosten, Versicherungen etc.

Davon ausgehend, dass die Müllers nach Tilgung ihrer Hypothek praktisch mietfrei wohnen, wissen sie, dass sie über die Jahre mit 3 500 Euro im Monat oder 42 000 Euro per annum gut über die Runden kommen werden. Um etwas Luft nach oben zu haben, nimmt Alfred Müller für seine Bedarfskalkulation jedoch einen Betrag für die nächsten Jahre von jeweils 45 000 Euro netto.

B. Einnahmen

Um seine künftigen Einkünfte über die nächsten zehn Jahre deutlich zu machen, listet er sein gesamtes Zahlenwerk in tabellarischer Form auf. Er nimmt dabei jeweils nur Nettobeträge, also nach Abzug der Steuern und eventueller Versicherungsbeiträge (z.B. Krankenversicherung auf Einkünfte aus Renten). Sämtliche Werte werden großzügig auf- oder abgerundet. Die Inflationsrate von zwei bis drei Prozent pro Jahr bleibt für diesen Zeitraum unberücksichtigt, weil sie zumindest teilweise durch die Sozialgesetzgebung aufgefangen wird oder wie im Fall von Mieteinkünften weitergereicht werden kann. Außerdem ist in seiner ganzen Kalkulation ein Luftpolster nach oben eingebaut.

1. Unter Anrechnung eines Freibetrags und nach Abzug der Steuer bleibt Herrn Müller von seiner *Abfindung* in etwa ein Nettobetrag von 80 000 Euro. Die Auszahlung erfolgt zum 31.1.2003 und schlägt damit faktisch als »Einkommen« im Jahr 2003 zu Buche.
   Um künftig miet- bzw. schuldenfrei zu wohnen, nimmt er davon 30 000 Euro und zahlt die Restschuld von seinem Haus ab. Es verbleiben damit 50 000 Euro, die er zunächst seinem Bankkonto gut schreibt.
   Dazu kommt sein letztes *Monatsgehalt* für den Januar in Höhe von 5 000 Euro.

2. Sein Gehalt wird ihm fast genau bis zu seinem 56. Geburtstag bezahlt, ab dem 1. Februar 2003 ist er arbeitslos gemeldet. Nach einer Sperrzeit von zwei Monaten bekommt er vom Arbeitsamt

für die Dauer von 19,5 Monaten einen Betrag von ca. 1 600 Euro überwiesen. Während dieser Zeit werden vom Arbeitsamt außerdem die Beiträge zu den Sozialversicherungen (Krankenkasse, Renten- und Pflegeversicherung) beglichen.

Er notiert, dass er damit im Jahr 2003 vom Arbeitsamt insgesamt (9 Monate x 1 600 Euro) einen Betrag von 14 400 Euro überwiesen bekommt, und im Jahr 2003 (10,5 Monate x 1 600 Euro) ca. 16 800 Euro.

(Die hier angegebenen Zahl- und Sperrzeiten des Arbeitsamtes können sich jederzeit ändern. Falls Sie sich an dieser Rechnung orientieren wollen, überprüfen Sie bitte den aktuellen Stand der Gesetzgebung!).

3. Seine *Firmenrente* wird sofort und bis zu seinem Lebensende ab Februar 2003 fällig. Nach Abzug eines Freibetrags muss diese genau wie eine Beamtenpension bzw. wie ein normales Einkommen versteuert werden. Da Herr Müller bei einer gesetzlichen Krankenkasse versichert ist, kommen dazu Abzüge (bis zur Beitragsbemessungsgrenze) für die Kranken- und Pflegeversicherung. Er geht davon aus, dass ihm von seiner Bruttofirmenrente von 1 300 Euro im Monat in etwa 1 000 Euro netto bleiben, also 12 000 Euro per annum. Diese übernimmt er in sein Diagramm für die nächsten zehn Jahre (2003 abzüglich ein Monat).

4. Seine »*Stock Optionen*«, die zur Zeit einen Marktwert von 10 000 Euro haben, will er nicht sofort verkaufen, er hat ja insgesamt drei Jahre Zeit. Er will zunächst den Markt beobachten und rechnet damit, dass er sie nicht vor 2005 abstoßen wird. Über einen Gewinn wird er sich freuen, eine niedrigere Summe wird ihn nicht umbringen. Somit setzt er für das Jahr 2005 in seiner Übersicht einen Betrag von 10 000 Euro ein.

5. Mit Beginn seines 60. Lebensjahres, also nach vier Jahren, wird Herr Müller seine *vorgezogene Altersrente wegen Arbeitslosigkeit*

in Anspruch nehmen. Ein Besuch bei der *Bundesversicherung für Angestellte* hatte ergeben, dass er nach Abzug von etwa sieben Prozent an die gesetzliche Kranken- und Pflegeversicherung mit etwa 1 000 Euro rechnen kann. 12 000 Euro überträgt er jährlich, ab 2007.

6. An *Aktien, Fondsanteilen, festverzinslichen Anleihen* sowie einem kleinen Rest *Barvermögen* haben die Müllers insgesamt einen Depotwert von 150 000 Euro. Entsprechend einer weisen Empfehlung seines Bankberaters legt er sein Geld entsprechend der folgenden Formel an:

> 100 minus Alter = Invest in Aktien, der Rest in Festverzinsliches

In Müllers Fall also etwa 45 Prozent in Aktien und 55 Prozent sichere Zinspapiere. Dies erlaubt ihm einerseits ein kleines, aber festes zusätzliches Einkommen und eine jederzeit disponible größere Summe ohne wesentliche Kursschwankungen, andererseits die Chance, an den Börsengewinnen teilzunehmen. Für Letzteres setzt Alfred Müller auf Aktienfonds mit einer langjährigen guten Performance, weil er der Ansicht ist, dass es Schöneres im Leben gibt, als täglich die Kurszettel zu verfolgen.

Die Auswahl der Fonds ist allerdings nicht ganz einfach. Die verschiedensten Zeitungen und Wirtschaftsmagazine veröffentlichen zwar regelmäßig Ranglisten, aber jede dieser Übersichten nennt andere Topp-Performer, selbst innerhalb derselben Bewertungszeiträume. Und Banken verkaufen mit Vorliebe nur ihre eigenen, hausgemachten Fonds, die im Vergleich der Zugewinnmargen oft unter ferner liefen liegen. Auch unabhängige Fonds-Shops neigen dazu, diejenigen Papiere zu loben, bei denen die Provision am höchsten ist. Also bleibt ihm nicht erspart, Performance-Übersichten über einen gewissen Zeitraum zu studieren, um dann diejenigen Fonds zu kaufen, die am häufigsten und regelmäßig gelistet werden.

7. Schon in jungen Jahren hat Müller eine *Lebensversicherung* abgeschlossen, die mit Vollendung seines 60. Lebensjahres fällig wird. Er kann daraus eine Summe in Höhe von etwa 110 000 Euro erwarten. Um sein verfügbares Grundeinkommen zu verbessern, hat er vor, diese Summe in eine *private Rentenversicherung* mit sofortigem Zahlungsbeginn zu investieren. Auch hier stellt er fest, dass ein Vergleich der einzelnen Anbieter hohe Schwankungen in der Leistung ergibt. Er wird sich später schließlich beim besten seiner Anbieter für eine entsprechende Rente entschließen, die ihm monatlich, ab dem Jahr 2007, ein zusätzliches festes Einkommen von netto 750 Euro im Monat gewährt. Brigitte sichert er für den Fall seines Todes zu 60 Prozent der Rentenhöhe mit ab. Anders als seine Betriebspension wird diese Privatrente nicht wie ein normales Einkommen versteuert, sondern nur der Ertragsanteil, mit gestaffelten Sätzen, je nach Einstiegsalter.
Zu diesem Schritt hat Alfred Müller, als er seine Berechnungen anstellt, aber noch mehr als vier Jahre Zeit. Den Betrag von 750 Euro pro Monat trägt er jedoch schon einmal in seine Kalkulation ab dem 60. Lebensjahr ein.

8. Somit bleiben den Müllers für ihren Lebensabend noch drei massive *Reserven*, die bislang unbeachtet blieben, die aber zum Ausgleich möglicher Inflationsraten oder für höhere Anschaffungen bleiben: die Eigentumswohnung, die irgendwann in Bargeld umgewandelt werden kann, Brigittes zu erwartende Erbschaft in Höhe von etwa 100 000 Euro und schließlich ihr eigenes Haus, das sie zu guter Letzt in eine Leibrente umwandeln oder auch an ihre beiden Kinder vererben können. Sie gehen weiter davon aus, dass auch Brigitte Müller zum Ausstieg ihres Mannes mit ihrer Nebentätigkeit als Journalistin zu arbeiten aufhört.

Obiges Zahlenmaterial ergibt für die Müllers folgende *Netto-Einkommensübersicht für die nächsten zehn Jahre der Pensionierung in Euro:*

2003: (Alter von Alfred Müller ist 56)

1. Firmenrente (11 x 1 000 Euro)	11 000
2. Mieteinnahmen (12 x 500 Euro)	6 000
3. Abfindung (80 000–30 000 für Tilgung Hypothek)	50 000
4. 1 Monatsgehalt	5 000
5. Arbeitslosengeld (9 x 1 600 Euro)	14 400
Total:	**86 400**
abzüglich geplante Ausgaben: (45 000)	– 45 000
damit Überschuss in 2003	41 400

2004: (Alter = 57)

1. Firmenrente (12 x 1 000)	12 000
2. Mieteinnahmen (12 x 500)	6 000
3. Arbeitslosengeld (10,5 Monate x 1 600)	16 800
4. Überschuss aus 2002	41 400
Total:	**76 200**
abzüglich geplante Ausgaben: (45 000)	– 45 000
Überschuss	ca. 31 000

2005: (Alter = 58)

1. Firmenrente	12 000
2. Mieteinnahmen	6 000
3. Überschuss aus 2003	31 000
4. Erlös aus Stock-Optionen	10000
Total:	**59 000**
Geplante Ausgaben: (45 000)	– 45000
Überschuss	14 000

2006: (Alter = 59):

1. Firmenrente	12 000
2. Mieteinnahmen	6 000
3. Überschuss aus 2004	14 000
Zwischensumme	**32 000**
Geplante Ausgaben (45 000)	− 45 000
Fehlbetrag	− 13 000
Erstmalige Entnahme aus Eigenkapital/Zinseinkünften	13 000

2007: (Alter = 60)

1. Firmenrente	12 000
2. Mieteinnahmen	6 000
3. gesetzliche Rente (11,5 x 1 000 Euro)	11 500
4. Sofortige Privatrente über Umwandlung Lebensversicherung (12 x 750 Euro)	9 000
Zwischensumme	**38 500**
Geplante Ausgaben (45 000)	− 45 000
Fehlbetrag	− 6 500
5. Entnahme aus Kapital/Zinseinkünften	6 500

2008–2012: (Alter = 61–65)

Gesetzlich Rente = 12 x 1 000 Euro und damit jährliche Kapitalentnahme	6 000
Ansonsten analog dem Jahr 2006	

Im Jahr 2011 wird Brigitte Müller 63 und erhält voraussichtlich eine eigene Rente von 750 Euro. Damit erhöht sich das jährliche Einkommen der Müllers schlagartig um 9 000 Euro. Bei unwesentlicher Inflationsrate und nicht gesteigerten Ausgaben der Müllers könnte die jährliche zusätzliche Kapitalentnahme sogar entfallen oder der Konsum möglichst lustbringend erhöht werden.

Das Fazit für Müllers

Nach dieser Aufstellung ihrer mit äußerst hoher Sicherheit zu er-
warteten Einkünfte für die nächsten zehn Jahre fühlen sich beide,
sowohl Alfred als auch Brigitte Müller, sehr wohl. Wahrscheinlich,
so sind sich beide im Klaren, haben sie mehr Geld, als sie brauchen
werden. Rein materiell gesehen ist der Schritt in einen neuen Lebensabschnitt damit sauber abgesichert; die Auseinandersetzung
mit dem psychischen bzw. seelischen Teil des Abschieds steht jedoch noch bevor. Alfred Müller jedenfalls unterschreibt daraufhin
seinen Vertrag mit einem guten Gefühl und freut sich auf sein neues
Leben.

Und damit endet auch schon in diesem Buch das »virtuelle
Leben« des Alfred Müller und seiner Frau Brigitte. Ihnen, verehrter
Leser, mag dieses Rechenexempel als Beispiel oder Anreiz dienen,
ihre eigene Situation zu durchleuchten. Gehen Sie dabei nicht zu
zimperlich und auch nicht allzu penibel vor. Seien Sie vor allem ehrlich mit sich selbst und ihrem Kontenstand. Die Charakteristik dieser Berechnung ist im Übrigen die gleiche, egal, ob Sie diese Mitte
50 durchführen oder erst im Alter von 65, wenn die Pensionierung
gewiss ist. Was unterschiedlich ausfallen dürfte, ist Ihre restliche Lebenserwartung – und daran sollten Sie in jedem Fall denken!

Und nun nehme ich wieder den Faden zu meiner eigenen Geschichte auf.

Die Unterschrift

Als Helmut Kohl als Bundeskanzler abgewählt wurde, hörte ich in einem Fernsehinterview, wie Gregor Gysi, damals noch Vorsitzender der PDS, einen Kommentar loslässt, der aus den üblichen gleichartigen Kalauern der Politikerkaste heraussticht: »Helmut Kohl hat mich an diesem Abend etwas gelehrt, von dem er nichts weiß, was aber für mein Leben umso wichtiger ist: ›nämlich, ›dass man wissen muss, wann man abtreten sollte!‹«. Er sollte ja so Recht behalten, der Herr Gysi ... Ich notiere den Spruch damals spontan in meinem Tagebuch, denn irgendwie hatte er auch mich getroffen. Etwas später fällt er wieder in meinen Blick und ich bleibe wieder daran haften: Ähnlich wie mein virtueller Freund Alfred Müller hatte ich inzwischen mein Vermögen rauf und runter analysiert und war zu dem Schluss gekommen, dass ich keinen Sprung vom Zehnmeterbrett vor mir hätte, sondern höchsten einen aus drei Metern. Beruflich war ich auch gerade mehr in einer Talsenke als auf einem Gipfel. Ich wusste allerdings, dass dies nur eine vorübergehende Episode sein konnte, denn dafür hatte ich genügend Erfahrung, um auch deren Vergänglichkeit zu kennen. Ich hatte aber wenig Lust, mich in derselben Materie noch einmal richtig ins Zeug zu legen. Finanziell, so hatten meine Übersichten ergeben, war da weder eine Notwendigkeit noch ein Reiz. Ein »Mehr an Mehr«, weder an Sicherheit noch an Geld, konnte mich locken. Und Meriten für die gleiche Arbeit? Auch das war's nicht. Irgendwer hatte einmal den Spruch getan, den ich mir auch gemerkt hatte: »Mit 50 sollte man all die Orden haben, die man in seinem Leben haben will. Danach ist nämlich der Geschmack ein anderer.« Also was blieb eigentlich noch außer meiner Angst vor dem Ungewissen des Neuen, vor einer gewissen Leere, die bisher von dem mehr oder weniger routinemäßigen Ablauf meines Alltags geprägt war, einem Terminkalender, den ich nicht nur teilweise selbst beeinflusste, vor dem Umgang mit Kollegen und Kunden, mit Geschäftspartnern und mit einem angenehmen sozialen

Umfeld? Ja, es waren alleine die Angst in ihren verschiedenartigsten Ausprägungen und die so genannten »Bedenken«, die mich vor der Unterschrift noch zurückhielten.

Pläne für die Zeit danach.

So fing ich an, mir einen Zettel zu erstellen mit der Überschrift *»Möglichkeiten, die ich habe, wenn ich bleibe«*, und einen anderen, der hieß *»Möglichkeiten, die ich aufgebe, wenn ich bleibe«* bzw. *»Was will ich noch tun?«*.

Auf diese Art fing ich an, Pläne für meine Zeit nach dem Tag meines möglichen Abschieds zu entwickeln. Am Anfang war es ein einzelnes Blatt, sehr schnell gefüllt mit allen Dingen, die mir einfielen, die ich »noch tun« wollte, nach einigen Tagen brauchte ich bereits einen Schnellhefter, damit nichts verloren ging. Mir fielen Reisen ein, die ich noch nicht gemacht hatte und die ich schon lange machen wollte, ich entwickelte Ideen für ein kleines Häuschen in Griechenland oder Italien, ich wollte mehr malen, ich konnte mir vorstellen, wieder Kurse in Ausdrucksmalen anzubieten, ich wollte mich mehr mit westlicher und östlicher Philosophie auseinander setzen, ich wollte noch einiges für meine eigene Persönlichkeitsentwicklung tun. Auch den Beratervertrag, der mir angeboten wurde, setzte ich ebenso auf die Liste, und auch die Idee, ein Fachbuch zu schreiben. Ich durchforstete das Internet nach temporären Einsatzmöglichkeiten für Senioren (siehe Anhang), zwischendurch fragte ich mich, ob ich noch mal politisch oder auch im sozialen Umfeld tätig werden wollte ... Mein kleiner Ordner nahm an Volumen täglich zu. Wie bei einem Brainstorming legte ich jeden auch noch so blöd oder phantastisch erscheinenden Geistesblitz kritiklos ab. Ich sprach mit Kollegen und Freunden, fragte, was sie wohl so vorhätten, und bekam auch von dieser Seite zusätzliche Inputs. Dieser Teil meiner Überlegungen machte mir mehr und mehr Freude, die Möglichkeiten und Potenziale wurden voluminöser und reizvoller, ich spürte, hier war eine neue Lust, eine ganz starke Verlockung.

Mein anderer Zettel, der mit dem »Bleiben«, war dagegen schnell erschöpft. Er verhieß im Wesentlichen mehr Geld, eine höhere Rente, weniger Zeit für mich selbst und Prozesse, die ich kannte. Auf der anderen Liste war der »Kick«, hier war mehr »Kack«. Dort war der Reiz des Neuen, hier war das Alte. Zu gehen war ein Schritt nach vorne, zu bleiben bedeutete mehr oder weniger Stillstand. Ich merkte deutlich, auch das Wohlvertraute, die geliebte »Sicherheit«, hatte einen nicht ganz unerheblichen Preis!

Und das war's dann auch irgendwann. Genau am 23. Oktober unterschrieb ich meinen *Aufhebungsvertrag* in einem kleinen Ritual: Ich versammelte meine engsten Kollegen und Mitarbeiter um mich, setzte mich in deren Mitte und sagte kurz und bündig, mit einem Lächeln in dem einem Auge und mit einer Träne im anderen: »So, Leute, wir haben lange und gut miteinander gearbeitet, dafür danke ich Euch – aber jetzt gehe ich!« Es war zwar nicht mehr die ganz tolle Überraschung, aber trotzdem brauchte ich die Form, ein paar liebevolle Umarmungen und die Rührung, die mich und die anderen dabei überkam. Ich brachte meine Unterschrift unwiderruflich auf das Papier und dann flogen zum ersten Mal die Sektkorken. Am selben Abend, meine Frau war nun mit dabei, speisten wir gemeinsam beim besten Italiener in der Stadt, und gegen Mitternacht lasse ich mir von allen die Hand führen, um das große Kuvert mit dem Vertrag, der mich von hie nach da, von dem bekannten in den unbekannten Lebensabschnitt befördern wird, in einen Briefkasten zu werfen. Nun war der große Schritt getan, ein riesiger Stein war ins Wasser gefallen. Neue Wellen können sich ausbreiten, mein Leben wird von nun an anders sein!

Träume und Runen
in der Seele

Die Unterschrift auf dem Vertrag war ein formeller Akt und die Konsequenz einer rationalen Betrachtungsweise. Sie geschah unter einem erheblichen Zeitdruck, weil da ein fixer Termin dahinter stand, der nicht veränderbar war. Wie ich feststellte, ist diese Form kein Einzelfall, sondern eher die Regel, da Firmen einen Personalabbau und damit Frühpensionierungsprogramme häufig quasi über Nacht anbieten. Das Management merkt kurzfristig, dass die Zahlen aus dem Ruder laufen, es sind auf einmal zu viele Leute an Bord, man beschließt einen Stellenabbau – und sucht sich naturgemäß die Älteren heraus. Dafür gibt es Sozialprogramme vom Staat, der diesen Mechanismus auch noch unterstützt, die Gewerkschaften legen sich auch nicht quer und die Betroffenen sind meist froh über die Gelegenheit, vorzeitig aus dem Berufsleben ausscheiden zu können. Der bekannte Weg des geringsten Widerstands.

Hatten bei mir die letzten Wochen im Zeichen von logischen und nachvollziehbaren Überlegungen gestanden, so stellte sich schon in den nächsten Tagen heraus, dass der eigentliche innere Prozess dieser Veränderung meines Lebens noch längst nicht abgeschlossen war. Verschiedenartige Träume zu dieser Thematik zeigten mir, dass die innere Uhr noch nicht ganz da war, wo inzwischen die äußeren Tatsachen lagen.

**Die Angst vor dem Neuen zeigt sich auf
verschiedenste Weise.**

Genau zwei Tage nach dem Gang zum Briefkasten raubte mir folgender Traum den Schlaf: »Ich sitze im Büro am Schreibtisch und arbeite konzentriert an meinem Computer. Auf einmal nähern sich zwei meiner Mitarbeiterinnen, beide Mitte 30, sympathisch aussehend und wie ich schon länger in der Firma, mit mir seit Jahren wohl vertraut. Beide haben so ein bestimmtes Grinsen aufgesetzt, das mir sagt, da ist etwas dahinter, das ihnen irgendwie peinlich ist, es in Worten auszudrücken. Es kommt ein lang gezogenes ›Hallooo ...‹ und die Anrede mit dem in der Computerindustrie üblichen ›Du, Herb, ...‹, wobei sich beide ungebeten auf meinem Schreibtisch niederlassen, ihr verlegenes Lächeln noch etwas verstärken und schließlich fährt die eine ohne lange Umschweife fort: ›Du, Herb, wir müssen an deinen Schreibtisch. Du brauchst ja keinen mehr, denn du gehst ja ohnehin bald!‹«

Mit diesem Satz im Ohr wachte ich auf, schaute auf die Uhr, es war kurz nach vier, ich war schockiert, ich kam ins Grübeln, an Weiterschlaf kein Denken mehr. »Geht es so schnell«, war der Gedanke, der mir keine Ruhe mehr lässt, »dass sie dich aus dem Nest verstoßen, dass sie dir klar sagen – du hast hier keinen Platz mehr bei uns?« Dabei hatte ich ja noch mehr als ein halbes Jahr zu arbeiten, noch einige größere Projekte am Laufen und eigentlich vor, bis zum letzten Tag engagiert zu bleiben. So dachte ich über die Relativität meiner eigenen Wichtigkeit bzw. Unwichtigkeit nach, die paar Spuren, die ich mehr oder weniger tief in meiner Firma und bei einigen Kunden hinterlassen werde, über Streitigkeiten und Auseinandersetzungen, die ich mit Herzblut und mit großer Ernsthaftigkeit ausgetragen habe, über das, was mich verbunden und mich getragen hat ... Ich sah auf einmal ganz deutlich: Es war alles wichtig und bedeutend zum Zeitpunkt seines Geschehens. Aber nur dann. Danach ist es vorbei. Manchmal schneller, manchmal langsamer. Ausgelebt. Ähnlich einem großen Schiff, das in der Nähe riesig erscheint und immer kleiner wird, bis es schließlich ganz am Horizont verschwindet. Entfernt. Gewesen. Unbedeutend. Woanders hingegangen.

Das in etwa ist das Gefühl, das mich in den Morgen begleitete, mit dem ich schließlich aufstand, frühstückte und schließlich, etwas melancholisch, genau zu dem Schreibtisch fuhr, von dem ich geträumt hatte. Dort traf ich auf die beiden netten Kolleginnen, die mir vor ein paar Stunden bedeutet haben: »Du bist jetzt nicht mehr einer von uns.« Sie sind unschuldig, denn von meinem Traum wussten sie nichts. Ich aber wusste: Ja, nun gilt es den Abschied zu verdauen.

Träume verschiedenster Art, die sich mit meinem Berufsleben befassten, mit dem Abschied, mit den Ängsten, mit den Verunsicherungen, positive, schöne Szenen die tatsächlich gelebt wurden, in gleichen oder ähnlichen Situationen, sollten mich noch jahrelang begleiten, mir zeigen, dass das äußere Leben zwar nun woanders ist, dass aber das, was vorbei ist, seine Runen in der Tiefe meiner Seele permanent und unauslöschbar hinterlassen hat.

Die Angst, nicht mehr gebraucht
zu werden

Ende Oktober ging ich in den Film *Der Pferdeflüsterer* von und mit Robert Redford. Eine Szene fuhr mir in die Knochen: Redford stellt einen alternden Cowboy dar, den besagten Pferdeflüsterer, und die Hauptdarstellerin fragt ihn: »Gibt es überhaupt etwas, wovor du Angst hast?« Und er antwortet: »Ja. Vor dem Alter. Dass ich irgendwann nicht mehr gebraucht werde.«

Die Angst, nicht mehr gebraucht zu werden ... Das traf mich persönlich! Und schon waren die eigenen Ängste wieder da, die Zweifel an der Unterschrift auf dem Aufhebungsvertrag meines Arbeitsverhältnisses, die großen Fragen tauchten wieder auf:

»Was dann?« – »Womit werde ich die Leere in meinem Tagesablauf füllen?« – »Wer werden meine täglichen Gesprächspartner sein?« – »Wo sind die neuen Inhalte?« – »Ich habe ja nicht einmal eigene Kinder und damit auch keine Enkel, um die ich mich zu kümmern hätte!« – »Meine Frau steckt noch selbst voll im Beruf und kann meine Löcher auch nicht füllen!« – »Wer zum Teufel wird überhaupt noch etwas wollen von mir, wer wird mich, Herb Stumpf, noch brauchen?«

**Wer bin ich, wenn ich
nicht mehr arbeite?**

Die Fragen taten beinahe physisch weh, sie kamen ungebeten in der Nacht, in Träumen, tauchten tagsüber auf, ganz offen gestellt von Freunden oder Kollegen. Es brauchte Selbstbewusstsein und die wiederholte eigene Bestätigung der freien inneren Entscheidung, diesen Schritt bewusst getan zu haben und nicht aus einem Schicksal heraus, das man nicht persönlich steuern konnte. Die Antworten zu diesen Fragen konnten nicht von heute auf morgen geschehen –

sie waren ein Prozess, der dauerte, es war letztlich eine Evolution, die ihre angemessene Zeit brauchte. Die Entscheidung als solche war zwar irgendwann getan, aber die eigentlichen Wege entstanden wie immer erst beim Gehen. Nicht, dass ich ohne Pläne und Vorhaben, ohne eine Vielzahl an Interessen neben meinem eigentlichen Beruf unterschrieben hatte – trotzdem, die Verunsicherung war erst einmal da! Es war wie der erste Besuch in einem neuen Land: Ich wusste zwar, wer ich war, meine Reisekasse war voll, und ich war auch nicht der Erste und Einzige, der dorthin fuhr, aber es wurde eine andere Sprache gesprochen, es herrschten andere Sitten und Gebräuche, ich war zunächst ein Fremder. Und ich wusste auch nicht, ob ich mich dort wohl fühlen würde, weil ich noch nicht dort war. Aber ich trat die Reise trotzdem an!

Wenige Tage später sah ich im Fernsehen, wie die neue Bundesregierung vereidigt wurde. Schröder als Bundeskanzler. Er ist genau mein Jahrgang, ähnlich wie seine Ministerriege. Alles Männer in meinem Alter – so Mitte 50. All meine Zweifel kamen wieder hoch: Die fingen ganz neu an, starteten noch mal richtig durch – und ich verabschiedete mich als Frührentner, hatte Angst davor, »keine Rolle mehr zu haben«, »nicht mehr gebraucht zu werden«. Aber wieder gab ich mir die Antworten selbst: »Nein. Ich fange nur neu an, gönne mir erst einmal eine schöpferische Pause und tue dann das, was ich will. Ich werde frei sein, abgesichert mit einem guten finanziellen Polster, ich werde mich nicht wie diese Jungs an irgendwelchen Wählerstimmen und Stimmungsbarometern orientieren müssen, ich muss mich nicht mehr verkaufen, ich bin unabhängig, und mein Schritt, mit 55 zu gehen, hat mir mindestens fünf, wenn nicht gar zehn Jahre bis zur natürlichen und unaufhaltsamen Verrentung geschenkt! Ich kann auch nicht mehr abgewählt werden wie eine Bundesregierung, weil ich mich selbst abgewählt habe! Aber auch ich habe die Möglichkeit, noch einmal völlig neu anzufangen und durchzustarten, wenn ich will und wohin ich will! Es geht mir also mindestens so gut wie denen – wenn nicht sogar besser!«

Ich stellte mir auch die berechtigte Frage »Bin ich nur etwas wert, wenn ich arbeite?«, wenn ich einen so genannten »produktiven Beitrag« für die Gesellschaft leiste, indem ich mithelfe, das Bruttosozialprodukt möglichst stark zu steigern?

Und die uralte Frage, die im Norden dieses Kontinents eine andere Gewichtung zu haben scheint wie im Süden: »Warum arbeite ich überhaupt?« Arbeite ich zum Vergnügen oder für Geld oder für beides? Arbeite ich, um zu leben, oder lebe ich, um zu arbeiten?

Über meine Arbeit kam ich bisher zu Geld und Wert. Lasse ich mich aber nicht mehr auf das Spiel ein, meinen Wert an Geld oder in Materie zu messen, brauchte ich auch kein Mehr an Geld, sondern eher weniger. »Less is more«, fiel mir dazu ein.

Da ich nicht mehr arbeiten musste, weil mir mein Geld für das, was ich will, reicht und mein Lebensstil einigermaßen bescheiden ist, konnte ich fortan nur noch zum Vergnügen arbeiten. Also nur noch zum Spaß, zur eigenen Freude. Das war nicht immer so! Im Prinzip ein wunderschöner Zustand. Ein weiteres Lebensziel ist erreicht!

Ich war durch diese Gedanken wieder positiv motiviert und stellte fest, es brauchte nur ein kleines Gedankenspiel, um sich wieder gut zu fühlen. Weil sich ohnehin alles im Kopf abspielt, Glücksgefühle genauso wie Depressionen. Aber es war nicht immer leicht, sich daran zu erinnern und die Weichen in den Gehirngängen von einem Gleis aufs andere zu stellen.

Das letzte halbe Jahr
im Job

»Trust the Process« und ein weites Meer

In den folgenden Wochen nach der Unterschrift machte ich die Neu-
igkeit auch bei meinen Kunden und Geschäftspartnern bekannt. Die
Reaktionen kannte ich bereits von vorher, von Kollegen, von Freunden: stutzen, innehalten, die Fragen »Was dann?« und »Wie geht
das finanziell?«, dann schließlich der »Herzliche Glückwunsch«,
verbunden mit einem »Finde ich toll« oder so.

Aber ziemlich gleichmäßig kam auch eine Reaktion, mit der ich
zwar gerechnet hatte – aber nicht ganz mit deren Konsequenz und
Geschwindigkeit: Sobald heraus war, dass ich ging, war ich nicht
mehr »Einer von Ihnen«; ich spürte schnell, dass das, was ich sagte,
einen anderen Stellenwert hatte als früher – man wusste ja, dass
meine Aussagen von nun an ein zeitliches Verfallsdatum tragen, man
nahm mich schlichtweg nicht mehr so ernst wie vorher. Als ich gar
zwei Monate später mit meinem Nachfolger auftauchte und diesen
vorstellte, erlebte ich meine zunehmende Bedeutungslosigkeit sogar
noch krasser! Mit dem Neuen wollte man ab sofort leben, man versuchte sich zu arrangieren – der Alte, auch wenn man ihn jahrelang
geschätzt hat, wurde betont höflich behandelt, die Gespräche wurden seichter, gingen schnell über in Smalltalk. Zusagen oder technische Aussagen von mir wurden genauer als früher auf Gültigkeit und
Beständigkeit geprüft. Was früher nie hinterfragt wurde, wo der
Handschlag und der Blick in die Augen genügte, verlangte nun der
schriftlichen Form. Dies fand ich nicht lustig, und manchmal tat es
ein bisschen weh.

All dies gehörte dazu, man sollte es anerkennen und nicht dagegen ankämpfen. In meinem Tagebuch notierte ich dazu: »Es ist wie ein lebendiger Organismus, wie eine offene Wunde: Der Fremdkörper muss möglichst schnell abgestoßen werden, damit etwas heilen kann, um die alte Ordnung wiederherzustellen. Es ist ein notwendiger Prozess! Die Organisation lebt weiter, man selbst ist nicht mehr Teil von ihr. Und man tut gut daran, dieses natürliche Gesetz anzuerkennen, anstatt seinem eigenen Ego anzuhaften, indem man dem Irrglauben folgt, man selbst sei unersetzbar, und sich dabei in eine falsche Traurigkeit ergeht, gepaart mit Selbstmitleid. Das Leben an sich ist dieser stete Wandel und es beinhaltet das Ende genauso wie den Neubeginn. Ohne Ende kein Neubeginn! Es bleiben nur die Bewegung und das Anerkennen von dem, was ist, um lebendig zu bleiben, um nicht zu erstarren.

Mit dieser Erkenntnis konnte ich gut weitergehen. Weg von meiner Firma, weg von vielem Vertrautem, auf zu neuen Ufern. Natürlich habe ich noch meine Ängste: vor der vielen Zeit, vor dem Alleinsein, dem fehlenden sozialen Umfeld, vor dem, was ich noch nicht kenne. Aber all dies ist nur die Angst vor dem Neuem, eben weil ich es noch nicht kenne. Deswegen kann mir nur meine Neugier helfen und die Pflege meiner Offenheit. ›Trust the process.‹ Vertraue dem Prozess an sich!«

Jeder große neue Schritt, jede wirkliche Lebensentscheidung bedarf der Selbstbestätigung! Wer dabei seine eigenen Ängste, seine Zweifel verleugnet, verleugnet sich selbst! Es ist besser, sich dies einzugestehen, als diese Tatsache weiter auszublenden. Ich persönlich benützte dazu ein Tagebuch. Es half mir zu verarbeiten, zu reflektieren, Wesentliches nicht zu vergessen. Es war geradezu wie eine Selbsttherapie, wie eine geistige, warme Dusche. Falls Sie, verehrter Leser, schon lange nichts Eigenes mehr aufgeschrieben haben, versuchen Sie es doch einmal. Kaufen Sie sich ein schönes Notizbuch und schreiben oder malen Sie darin, was Ihnen immer an Gedanken einfällt. Es tut gut und es befreit den Kopf. Es kann zur Müllhalde Ihrer Seele werden. Gut weggepackt und nicht ganz verloren.

Keine Entscheidung kann eindeutig sein! Das Wort »Ent-Scheidung« beinhaltet den Teil »Scheidung«, also eine Art »Aus-Scheidung«, wie bei einer Geburt. Sie stellt sich damit als ein Prozess dar, anders als ein klarer Schnitt mit einem Schwert. Ein Prozess ist etwas sehr Lebendiges, er beinhaltet Wachstum. Ein Schnitt dagegen hat immer etwas Trennendes, was zwar oft zu einer raschen Klärung führen kann, letztlich aber etwas abschneidet und damit verletzt oder gar tötet. Häufig wird der so genannte »Schnitt« gemacht, nur um eine Entscheidung zu beschleunigen oder um eventuelle Trauerarbeit zu vermeiden. Gärung und Reifung bedürfen aber der Zeit, wie bei einem guten Wein. Ansonsten entsteht billiger Fusel, der am Tag danach nur Kopfweh verursacht.

Es interessiert mich
nicht mehr

Nach einem guten Maß an Selbsterfahrung hatte ich mich irgendwann in diesem Leben entschlossen, zu meinen eigenen Ängsten und Zweifeln zu stehen und sie anzuerkennen, wie einen langjährigen Nachbarn, den man zwar nicht mag, von dem man aber genau weiß, dass er nicht wegziehen wird, nur weil er einem nicht sympathisch ist.

Irgendwann im Februar, es waren gerade noch zwei Monate bis zu meinem endgültigen Ausscheiden, saß ich in einem austauschbaren Konferenzraum eines austauschbaren Hotels für austauschbare Geschäftsleute, in einem öden, aber gut erreichbaren Ort, in der Mitte Deutschlands. Von der Besprechung und den Themen war ich völlig gelangweilt und mir fiel der alte Kalauer ein: »Was ist ein Meeting?« Antwort: »Der Sieg des Gesäßes über den Kopf.« Es war einer der vielen Termine meines Lebens, bei denen ich mich gefragt habe: »Warum das alles?« und »Wäre es jetzt nicht viel schöner, einfach spazieren gehen zu können.« Männer meinesgleichen, manchmal auch Frauen, produzierten sich, redeten eloquent, aber ohne konkrete Aussagen, es wurde gestritten um der Show wegen und nicht um die Sache, man lachte höflich und zu laut über bekannte Sprechblasen, man wusste am Anfang schon, dass bei dem Ganzen nichts herauskommen würde. Eine Übung in Nutzlosigkeit. Nebenbei kritzelte ich Graffiti auf einen Block: sehr lang gezogene Buchstaben, ganz eng aneinander geschmiegt, unregelmäßig nach oben und nach unten versetzt, schwer lesbar, halb Bild, halb Kalligraphie. Etwas von innen heraus floss aus meiner Feder, Buchstabe an Buchstabe formte sich wie von selbst. Irgendwann war es ein Satz und mit Erstaunen folgte ich den Worten: *Es interessiert mich nicht mehr.*

Von da an hatte ich gemerkt, dass ich meine Restzeit mehr oder weniger nur noch absitze. Aber auch diese Phase war gut, wie ich spürte. Zwischen Unterschrift und endgültigem Abschied hatte ich genau ein halbes Jahr. Wieder ein Prozess und kein klarer Schnitt, wie bei einem Hinauswurf. Eine Zeit, die mir zwar gegen Ende mehr und mehr auf den Wecker fiel, die mir aber erlaubte, in die Loslösung über zunehmende Langeweile hineinzuwachsen, die Nichtidentifizierung mit meinem Beruf zu erlernen und die Neuidentifikation mit dem anderen Leben vor mir langsam zu erspüren.

Und schon bald meldete sich wieder ein Traum, der so eindeutig und so schön ist, dass ich ihn notierte: »Ich bin in einem Hafen und vor mir liegen aneinander getaut zwei weiße Schiffe. Das eine liegt direkt an der Mole, das andere etwas daneben, zur See gerichtet. Ich versuche von beiden die Taue zu lösen, aber es will mir nicht ganz leicht gelingen. Schließlich habe ich es aber geschafft, beide Schiffe liegen frei, und ich muss mich entscheiden, mit welchem ich letztlich losfahren will. Erst will ich beide krampfhaft halten. Ich befinde mich in einer Grätsche, mit einem Bein auf jeweils einem Schiff, und halte dabei deren Taue in den Händen. Die Grätsche wird immer breiter und ich habe kurz das Gefühl, mich ›zwischen allen Stühlen zu befinden‹. Schließlich stoße ich aber das innen liegende Boot kraftvoll zurück in den Hafen und springe endgültig mit einem klaren Satz auf das andere, außen liegende Schiff auf, schiebe mich nochmals kräftig ab und gleite langsam, aber sicher hinaus aus dem Hafen, in ein weites, blaues Meer.«

Wer bin ich ohne meinen Job?

Obwohl mir mein Job inzwischen keinen richtigen Spaß mehr machte, beschäftigte mich irgendwann die triviale Frage: Was schreibe ich eigentlich auf meine Visitenkarte, wenn ich die von meiner Firma am 1. Mai zurückgebe, und was sage ich, wenn man mich künftig nach meinen Beruf fragt? Sage ich dann »Pensionär« oder »Frührentner« oder gar »zur Zeit arbeitslos«, oder verstecke ich mich hinter meinem abgeknautschten akademischen Titel »Diplom-wirtschaftsingenieur«, der nicht viel aussagt? »Privatier« fiel mir ein, aber es klang so altmodisch und man könnte meinen, ich sei richtig vermögend. Oder sollte ich sagen »Aussteiger«? Klang ein bisschen wie zur Hippiezeit, irgendwie alternativ. Was mir daran gefiel, war, dass es nach freiem Willen und nicht nach Verlierer wirkte. Ganz überzeugt war ich aber auch nicht.

**Immer wieder die bohrende Frage:
»Und was machen Sie beruflich?«**

Und was antwortete ich, wenn jemand weiterbohrte: »Was machen Sie denn?« Sollte ich dann »nichts« sagen oder verlegen herum-drucksen, weil ich es selbst nicht genau wusste und ich vor allem keine anerkannte Position mehr hatte? Ich wusste, es gab größere Sorgen, aber mein Ego wollte eine klare Antwort: »Wer bin ich ohne meinen Job?« Diese Frage war gar nicht so einfach zu beantworten! Die Kollegen, die mit mir unterschrieben hatten, hatten auch keine gute Antwort. Ich war mit meiner Kreativität auf mich alleine ge-stellt, keinem fiel etwas Überzeugendes ein. Ich merkte, wie sehr mein Beruf und meine Position mein Leben geprägt hatten und wie sehr ich damit identifiziert war. Schnell kamen wieder die dämonenhaften Gedanken hoch, die Ängste, die Zweifel. Aber diesmal war ich in meinem inneren Prozess schon etwas weiter, schon etwas gefestigter. Ich wich auch dieser Frage nicht aus, sondern suchte für mich selbst die richtige Antwort.

Die Antwort dauerte etwas länger. Bei einem Skiwochenende fiel mir ein, dass ich zwar eine Menge an Vorhaben und an Plänen notiert hatte und ich mich höchstwahrscheinlich eine lange Zeit nicht langweilen würde, dass aber vieles noch diffus und ziemlich nebulös war. Ein Beratervertrag war mir zwar schon angeboten worden, aber diesen hatte ich sehr deutlich abgelehnt. Ich wollte erst einmal »Batterien voll tanken« und in Ruhe »schauen, was kommt«, und nicht von einer Aktivität in die andere fallen.

Bei einem Glas Wein in einer Skihütte erzähle ich eines Tages meiner Frau von meinen Gedanken und auf einmal war eine neue Idee geboren: »Du schreibst doch gerne und ich erlebe, wie du diesen Übergang von einem Lebensabschnitt in den anderen geistig verarbeitest – schreib doch einfach ein Buch darüber.« Ich staunte, es machte in mir innerlich »klick« und ich wusste, genau das war es! »Weißt du«, sagte ich zu ihr, »genau diesen Gedanken hatte ich selbst schon vor einiger Zeit, aber irgendwie war er wieder weg. Und jetzt, nachdem du es sagst, weiß ich, genau das muss ich tun! Ich wollte zwar mal etwas über ›alternative, weiche Management-Methoden‹ schreiben, aber das muss ich jetzt zuerst machen.« Und so war der Entschluss zu diesem Buch entstanden. Ein weiteres Projekt in meiner Sammelmappe »Für die Zeit danach«.

»Schreibe ich nun ›Schriftsteller‹ auf meine neue Visitenkarte oder ›Fachbuchautor‹?«, fragte mein Ego kurz darauf. »Nein«, gab ich ihm klar zurück, »gar nichts schreibst du drauf, weil du nämlich gar keine Visitenkarte mehr brauchst! Du hast es nicht mehr nötig, weil du weder dich selbst noch irgendetwas anderes verkaufen musst! Schreib meinetwegen drauf: ›Ich, Herb Stumpf, Mensch.‹ Aus! Ein Mensch mit einer breiten Erfahrung, einem aktiv gelebten

Leben, mit vielseitigen Interessen, mit dem Willen weiterzugehen, neue Wege einzuschlagen, ohne festen Job, ohne Beruf, ohne professionellen oder akademischen Titel! ›Herb Stumpf‹, ganz einfach. Ich selbst und nicht der Herr XY mit dem schönen Titel YX, abhängig von der Zahl der Mitarbeiter, der Größe des Firmenwagens, den monatlichen Gehaltsüberweisungen, der Quasi-Macht oder vielmehr Ohn(e)-Macht in den Hierarchien eines Großkonzerns, ein Mann, den man nach Belieben heuern oder feuern kann, ein von vielem Äußeren abhängiger Mensch. Ein Ego, das nicht ich selbst sein kann, sondern das bestenfalls geliehen ist. Ein Leihanzug, der nicht mir selbst gehören kann! Ich darf nur noch ich selbst sein.«

Kalter Februar und warme Tropen

In den letzten Tagen eines kalten, grauen Februartages holte mich die wohl bekannte, leichte Depression eines schon viel zu lange dauernden deutschen Winters ein. Es taucht die Sehnsucht nach Sommer auf, nach Wärme, nach lauen Düften, nach Sonne, Meer und Leichtigkeit. Der »ewige Urlaub« war noch zwei Monate entfernt und niemand konnte mich abhalten, vorher noch ein paar Tage Ferien zu machen. Das Einvernehmen mit meiner Firma besagte jedoch, dass der gesamte Resturlaub an meinen offiziellen Freistellungstermin zum 1. Mai, quasi hinten angehängt werden muss. So blieb ich ziemlich freudlos im Büro, wickelte mit dem üblichen Zeitdruck und mit Hektik noch ein paar Projekte ab und blickte sinnierend zum Fenster hinaus, wo momentan ein kräftiger Schneesturm tobte, der meine Stimmung keineswegs zu heben vermochte. Die Gedanken an Licht und Wärme, ein Wunsch nach Stille und Ruhe kamen immer wieder hoch und ließen sich nicht verdrängen. Die Frage tauchte auf, was ich denn tatsächlich an diesem 1. Mai machen würde, wenn ich nicht mehr in dieses Büro gehen musste und auch keinen Termin mehr mit Kunden hatte. Der 1. Mai, der so genannte »Tag der Arbeit«, der laut Karl Valentin so heißt, »weil an diesem Tag niemand arbeitet«, würde für mich das »Nicht-mehr-arbeiten-Müssen« einläuten, er wäre eine Art »Liberty Day«, der Tag einer zusätzlichen, neuen Freiheit.

»Werde ich nach Griechenland oder einfach nach Italien fahren«, ging es mir durch den Kopf, »mich mit meiner Frau erst einmal erholen und verwöhnen lassen, oder gibt es noch andere Möglichkeiten?« Ich befragte die Kollegen, die mit mir zeitgleich ausscheiden würden, und deren Pläne gingen alle in etwa in diese Richtung – »erst einmal ausspannen, irgendwohin reisen«. So ganz wollte mir diese Möglichkeit jedoch nicht gefallen, sie erschien zu einfach, beinahe zu banal, etwas, das ich schon viel zu gut kannte, weil ich es schon zigmal gemacht hatte. Dieser Lebensabschnitt, so überlegte ich, musste außergewöhnlich angegangen werden, weil er nicht alltäglich war.

Dabei fiel mir ein guter Freund ein, ehemals Vorstand eines großen Unternehmens, der vor gut einem Jahr die Pension in der Form antrat, dass er seinen Rucksack packte, die Wanderstiefel anzog und sechs Wochen zu Fuß auf dem Jakobspfad nach Santiago de Compostella pilgerte. Ich hatte mich damals sehr gewundert, war mir doch dieser liebe Freund ganz und gar nicht als eifriger Katholik aufgefallen. Und dass er für irgendeine mir unbekannte Sache sozusagen das »Büßergewand« anziehen musste und seine ersten Schritte in ein neues Leben ausgerechnet auf einem Pilgerpfad gehen musste, das erschien mir schon ganz und gar erstaunlich. Und das in einem Alter von immerhin 62. »Was hast du eigentlich zu bereuen und was weiß ich von dir noch nicht?«, fragte ich ihn damals. »Überhaupt nichts«, war die überraschende Antwort, »ich will nur wieder lernen, meinen Körper zu spüren, erfahren, wie weit ich noch gehen kann, was ich noch an Strapazen auszuhalten vermag, außerdem will ich meinen Geist lüften. Unterschiedliche Menschen will ich treffen und einer anderen Kultur will ich buchstäblich zu Fuß begegnen.«

Er war tatsächlich überzeugend »runderneuert« zurückgekommen, hatte viele interessante Geschichten zu erzählen, schrieb später sogar ein hervorragendes Buch über diese innere und äußere Reise und meinte, es wäre eine der reichsten Erlebnisse in seinem Leben gewesen. »Nette Leute aus der ganzen Welt und in jeder Altersklasse habe ich getroffen und viele gute Gespräche geführt. Ich konnte meine Neugier nach dem Kuriosen befriedigen, habe in Häusern übernachtet, von denen ich früher nicht zu träumen wagte, habe gelernt, wie wenig Geld man wirklich braucht, und habe mich als einen ganz neuen Menschen erfahren, und das alles in einer erstaunlich kurzen Zeit.« So ungefähr waren seine beeindruckenden Worte, die in mir nachklangen und die mir selbst eine ähnliche Reise viel erstrebenswerter erscheinen ließen als das, was ein ziemlich normaler Urlaub zu bieten vermochte und den ich gut von früher kannte.

Die neue Freiheit beginnt mit einer großen Reise.

So besann ich mich auf meine Weltreise und suchte nach Orten, die das Besondere hatten, die nicht jeder kannte und die nicht ganz so einfach zu erreichen waren. Das alles war aber lange her und ich wusste aus Erfahrung, dass die Welt einer ständigen Veränderung unterlag und dass das, was gestern noch den Reiz des Einmaligen hatte, heute ein Platz des Massentourismus sein konnte. Auf dieses Risiko wollte ich mich nicht mehr einlassen. Aber wochenlang zu Fuß laufen, wie mein Freund, das war auch nicht ganz mein Ding. So besann ich mich auf eine Reise, die ich vor gut einem Jahr in Thailand getätigt hatte und die mich schließlich in ein buddhistisches Kloster geführt hatte. Dort war ich zwei Wochen bei den Mönchen geblieben, hatte interessiert zugehört, was sie zu sagen hatten (das Glück wollte, dass ich auf Mönche traf, die der englischen Sprache mächtig waren!), hatte meine eigene Meditationspraxis wesentlich verbessern können, hatte gelernt, zehn Tage lang nur zu schweigen und darauf zu hören, was mein Geist mir sagte, und hatte in der Stille die Gesichter meiner Mitmenschen lesen und ihre Geschichten erahnen können. Es war eine der beeindruckendsten Episoden in meinem Leben gewesen.

Dies war der Ort in den Tropen, wohin mich meine Gedanken an diesem bewussten Tag im späten Februar lenkten, und plötzlich war mir klar: Genau das ist es! Noch am 1. Mai werde ich im Flugzeug sitzen und wieder für zwei Wochen in dieses Kloster gehen. Nicht zur Buße – aber zum Nachdenken, zum Lüften meines Geistes, um leichter von hie nach da zu gelangen.

Nach einer kurzen Rücksprache mit meiner Frau buchte ich noch am selben Tag den Flug. Zwei Wochen später wollte sie nachreisen, damit wir an meinen Klosteraufenthalt noch einen ganz normalen Urlaub anhängen konnten.

Ein roter Strich und ein Glas Rotwein

Inzwischen war es März geworden und ich hatte noch weniger als vierzig Arbeitstage vor mir. Die meisten Kontakte mit Kunden wickelte ich inzwischen nur noch telefonisch ab. Mein Nachfolger, zum Glück ein alter Profi, brauchte relativ wenig Zeit, um meine Geschäfte zu übernehmen, im Prinzip fühlte ich mich fast schon überflüssig. Bei der Vorstellung eines größeren Projekts musste ich dann aber doch noch einmal als Teil meines Teams präsentieren und meinen alten Part übernehmen – und erlebte mich dabei mehr als Schauspieler denn als der, für den es tatsächlich noch um etwas ging. Das »Herzblut« fehlte. Und in der Tat, »es ging nicht mehr um mich«, überlegte ich auf der Fahrt zu diesem Kunden, »sondern um etwas, das ich in seiner möglichen Realisierung nicht mehr erleben werde, denn falls dieser Auftrag tatsächlich kommt, werde ich bereits nicht mehr Teil dieses Unternehmens sein. Nichts, was ich jetzt tue, hat noch Auswirkungen auf meine eigene Zukunft.« Meine Gedanken schweiften bald schon ab nach Thailand, ich sah braun gebrannte Menschen, das Lächeln und die Freundlichkeit Asiens, ich dachte an safranfarbene Mönchskutten, hörte den lauen Wind und das harmonische Rauschen von Palmenblättern, spürte das warme Meer, das spielerisch am Strand auflief. In der momentanen Realität schob allerdings der Scheibenwischer den nasskalten Matsch eines Schneeregens vor sich her ...

Nach der üblichen Vorstellung und der Einführungsrunde übernahm ich meine gewohnte Rolle, ein hundertfach geprobter Auftritt, den man nicht mehr proben musste. Keiner merkte, dass ich nun ein Schauspieler war, der einen Schauspieler spielte, weil ich innerlich bereits woanders war. Das Spiel langweilte mich, aber auch die Spieler und meine eigene Rolle. Erst als ich irgendwann von einem meiner Gegenüber die magische Zauberformel hörte: »Ja, meine Herren, wir wollen im Prinzip mit Ihnen – wenn Sie uns da, an dieser Stelle noch entgegenkommen ...«, da erwachte mein alter Jagdinstinkt wie von selbst. Auf einmal war ich wieder der Vertriebsprofi, der ich lange war, witterte die nahe Beute und wollte den Auftrag haben. Nicht mehr für mich, sondern des Sieges wegen. Und tatsächlich, nach einer weiteren Verhandlungsrunde verabschiedeten wir uns mit Handschlag und mit einer klaren Absichtserklärung, die etwas später, entgegen meiner Erwartung, doch noch in einer festen Order endete.

Aber auch der Sieg schmeckte nicht mehr so wie früher. Noch ein Sieg und noch ein Sieg. Oder auch eine Niederlage. Alles für das sichere Gehalt am Monatsende. Und für das Publikum. Aber beides wollte ich nicht mehr. Die Kasse war genügend gefüllt, und das Publikum war mir bestens bekannt. Ich wollte weder ein Mehr an mehr, noch wollte ich vom Beifall abhängig sein. Ich wollte nicht als der Boxer enden, der irgendwann nur noch seine Schläge wegen der Höhe seiner Tageskasse einsteckte, aber gar nicht mehr wusste, warum er überhaupt noch im Ring stand. Ich wollte längst woanders hin. Ich wollte endlich raus von hier!

An diesem Abend ging ich in mein kleines Atelier und fing an, eine Leinwand zu grundieren. Ich hatte keine Vorstellung, was ich überhaupt malen wollte, und so legte ich erst einmal akribisch eine große, weiße Fläche an. Weißes Acryl auf weißem Leinen. Erst eine Schicht, dann noch eine. Ich hatte keine Ahnung, was daraus werden sollte. Ich ließ mich einfach inspirieren, hörte, was von innen kommen wollte. Ich schaute auf die Farben, auf die Pinsel, ließ mich treiben. Da lockten eine breite, struppige Bürste und ein Topf mit einer Aufschrift in vier Sprachen: *Rouge vif. Bright red. Rosso vivo. Signalrot.* Die Kombination von beiden schien es zu sein, was ich heute brauchte. Ich tauchte die Bürste in die Tunke, stellte mich vor das Weiß und setzte an: Ungefähr in einem Drittel Höhe zog ich einen dicken, ungleichmäßigen Strich über die gesamte Leinwand und trat von meinem einfachen Werk zurück, schaute es an, dachte nach, sinnierte. »Ja, das ist es für heute. Aus, basta! Auf keinen Fall mehr! Ein dicker roter Strich unter meinem bisherigen Lebenswerk. Es ist genug, es ist fertig! Let it be!« Daraufhin ging ich, schenkte mir ein Glas Rotwein ein und fühlte mich als der zufriedenste Mensch der Welt.

»Alles Gute zum Vorruhestand«

Die wenigen Wochen meiner verbleibenden »Arbeitszeit« verbrachte ich im Wesentlichen damit, mich von Geschäftspartnern und Kunden zu verabschieden. Es waren immer kurze Gespräche, mal mehr, mal weniger intensiv, fast alle endeten mit der Formel »Ich wünsche Ihnen alles Gute zum Vorruhestand«, oder, wenn's ganz hart kam: »... zum wohl verdienten Ruhestand«. Dabei lief es mir dann immer heiß den Rücken hinunter, ich kam mir vor wie ein kranker Mensch, der zu alt zum Arbeiten und zu jung zum Sterben war. Hatte man bis vor ein paar Monaten noch voll mit mir gerechnet und niemand ans Aufhören gedacht, so saß ich auf einmal in einem ganz anderen

Boot, nämlich in dem der »Alten«. Es fehlte nur noch die Ansage »Nächste Haltestelle Altersheim«. Auch diese Erfahrung musste ich schriftlich verarbeiten, sie landete auf der Müllhalde meiner Seele, in meinem Tagebuch:

»Wenn man mir inzwischen ›Alles Gute zum Vorruhestand‹ wünscht, dann kann ich nur verständnislos dreinschauen, weiß überhaupt nicht, was ich mit dem Unwort ›Vor-Ruhe-Stand‹ anfangen soll, das mir, in seine Einzelteile zerlegt, noch viel weniger zu sagen vermag: Ein ›Stand‹ also, der etwas mit ›stehen bleiben‹ zu tun haben soll, irgendwie vor einer ›Ruhe‹, mit der hoffentlich nicht schon die ›letzte Ruhe‹ gemeint ist! Weder mit ›Ruhe‹ noch mit ›stehen bleiben‹ habe ich etwas vor. Es ist auch nichts, auf was ich mich auch nur im Entferntesten freuen kann oder worauf ich mich einlassen will! Es ist eher so wie auf dem Bild, das ich neulich gemalt habe: Ich ziehe einen breiten Strich zwischen einem Leben vorher und nachher, zwischen etwas Altem, Gewesenem und etwas Neuem, das in seinen Umrissen bekannt ist, dessen Details aber noch ausgearbeitet werden müssen, so, wie sie entstehen und sich ergeben, wie sie auf mich zukommen und was ich aus ihnen machen will. Dies wird eine ganz neue Art von Freiheit, eines Umgangs mit einer Zeit, die ausschließlich mir gehört und deren Ablauf ich bestimme.

Ich gehe also in keinen ›Vorruhestand‹, so etwas wie ein Fegefeuer vor der Hölle oder gar dem Reich der Toten, auch nicht in ein gewisses Vorzimmer zum ›Paradies‹. Ich sehe mich vielmehr in eine Art von ›freier Bewegung‹ übertreten, die nichts mehr mit Stress zu tun haben soll, aber frei von Stillstand sein muss! Ich fürchte, dieser Begriff wird weder das Wort ›Ruhestand‹ noch ›Vorruhestand‹ ablösen können, aber ich persönlich werde versuchen, meinen Geist und mein Bewusstsein entsprechend zu programmieren. Ich gehe also von einer ›bezahlten und in den Eckpunkten festgelegten Bewegung‹ in eine ›von mir bestimmte Bewegung‹ über. Ich selbst werde die Verantwortung für meine Zeit haben und dafür das Drehbuch schreiben! Die Vorgaben und Ziele werde ich selbst bestimmen, nicht mehr ein Arbeitgeber oder ein bezahlter Manager, von denen lange genug auch ich einer war.

Wie viel kraftgebender und der Wahrheit entsprechender ist doch diese Sichtweise, als die mit verklärtem Blick und teils heimlichem Neid vorgetragenen Wünsche nach einem ›Ruhestand‹, quasi verdammt zum Nichtstun, dicht gefolgt von der Rechtfertigung, warum man überhaupt noch da ist und dafür auch noch in Form einer Rente oder Pension bezahlt wird.«

Wenn derartige Gedanken aufkamen, war es mir wichtig, mir immer wieder klarzumachen, dass es sich um einen ganz natürlichen und vorgegebenen Ablauf handelt. Irgendwann ist der Zeitpunkt da, das »aktive Berufsleben« zu beenden. Vergleicht man das Arbeitsleben mit einem Schaltgetriebe, dann dienen die ersten vier Gänge der Beschleunigung – das »aktive Berufsleben« –, und man schaltet dann in einen fünften Gang um, der nicht mehr so sehr zur Erhöhung der Geschwindigkeit dient, sondern vielmehr dem Dahingleiten in einem erreichten Maße. Dasselbe gilt für die Rente und das ersparte Geld. In die Rentenkasse haben Sie ein Leben lang für eine miese Rendite einbezahlt, eine Pension war möglicherweise Teil Ihres Anstellungsvertrages, und ihr Sparschwein ist dafür da, dass es irgendwann geschlachtet wird; von Ihnen selbst und niemandem anders! Ohne jede Rechtfertigung, mit klarem Selbstbewusstsein und Selbstverständnis, ganz ohne jedes schlechte Gewissen!

Dieses Unwort »Ruhe-stand« zeigt, wie sehr unser Denken auf »Unruhe« und auf hektische Bewegung, auf messbare Arbeit ausgelegt ist. Du wirst in »Ruhe gestellt« – sprachlich nicht weit entfernt von »ab-gestellt«. Wie ein kategorischer Imperativ: »Steh ruhig da und störe uns nicht mehr!«

Dabei ist dieser Gedanke in der heutigen Zeit geradezu grotesk: Die Mittelalten und Älteren haben das meiste Geld zur Verfügung, sie haben die meiste freie Zeit, dieses Geld unter die Leute zu bringen, sind wesentlich gesünder und werden dabei älter als die Generationen davor, das Angebot an möglichen Aktivitäten und Freizeitgestaltungsmöglichkeiten ist schier unüberschaubar, selbst die Sexualität gerät bei vielen so genannten »Ruheständlern« wieder in eine freudvolle Unruhe, wenn sie erst einmal wieder Muße und weniger Stress haben.

In mein Tagebuch schrieb ich an dieser Stelle einen Ausspruch von Henry David Thoreau ein, den ich gerne hier zitiere:

>*Was vor uns liegt und was hinter uns liegt,*
sind Kleinigkeiten im Vergleich zu dem, was in uns liegt.
Und wenn wir das, was in uns liegt,
nach außen, in die Welt tragen,
geschehen Wunder.«

»Genieße deine letzte Woche als Sklave!«

Wenige Tage vor der großen Abschiedsfeier meiner Firma ereignete sich eine kleine Anekdote, die in ihrer Komik den Schlusspunkt unter meine Industriekarriere kaum besser setzen konnte: Ich kam von meinem buchstäblich letzten Kundentermin, fuhr mein Auto durch eine Waschanlage und saugte noch den Innenraum. Meine Krawatte hatte ich schon vorher abgelegt und achtlos auf den Beifahrersitz gelegt. Ich saugte erst die Bodenmatten, dann die Rücksitze, bevor ich wieder in den vorderen Bereich gelangte. Ohne großartig aufzupassen und an nichts Böses denkend, fuchtelte ich mit dem Saugstutzen herum, als es auf einmal ein lang gezogenes »Flupp« machte und meine Krawatte, samt zugehöriger Silbernadel, genüsslich und der vollen Länge nach im Saugrohr verschwand. Ich stand gebannt da, unfähig zu reagieren, und konnte dem etwa eine Sekunde dauernden Schauspiel nur schweigend zuschauen – schließlich war sie weg, entsorgt in einem großen Dreckcontainer. Kurze Zeit war ich fassungslos, dann bekam ich einen Lachanfall. »Das war ja genau im richtigen Moment, ich brauch das Ding ja wirklich nicht mehr und auch keine Krawattennadel«, durchfuhr es mich und ich dachte dabei schmunzelnd über die Symbolik dieses Aktes nach.

Auf die schöne Seidenkrawatte wollte ich aber doch nicht ganz verzichten. So ging ich zum Pächter und erklärte den Vorfall, worauf dieser grinsend mit folgender Bemerkung den Behälter aufschloss: »Die wird aber jetzt sehr staubig sein!« War sie denn auch. Ein kräftiges Ausschütteln ersparte sogar die Reinigung und am Abend hing sie schließlich leicht lädiert neben etwa zwanzig anderen Ziertüchern dieser Art, die nun ebenso ausgedient hatten. Da mir für sie alle jedoch keine bessere Tätigkeit einfiel, als dass sie am Hals irgendeines geschäftigen Mannes hängen und diesem weiterhin dienen sollten, so wie auch mir über viele Jahre, verschenkte ich sie zum großen Teil – samt einigen Anzügen aus feinem Stoff, die ich nun auch nicht mehr brauchen würde. Ab sofort sollte mich nichts Unnötiges mehr drücken oder gar meinen Hals einschnüren und meine Atemwege beengen!

Neben aktivem Händeschütteln und Grußworten bekam ich in der letzten Woche meiner beruflichen Tätigkeit auch elektronische Mails und Glückwunschkarten. Ein E-Mail meines in den USA lebendenden Bruders stach mit seiner spaßig gemeinten Prägnanz besonders heraus. Es las sich kurz und knapp: »Enjoy your last week as a slave!« (Genieße deine letzte Woche als Sklave!) Tat ich auch. Es kam aber auch Besinnliches: »Du hast erreicht, was diesem Alter angemessen ist – dich selbst zu leben, statt dich in der täglichen Pflicht leben zu lassen.« Und: »Mehr als zuvor darf nun die Substanz, dein eigenes Werden, hervorkommen.« Ein besonders guter Freund zitierte die Worte von André Gide: »Frei sein ist nichts. Sich befreien ist das Ziel.«

Nun, ich hatte mich in meiner guten amerikanischen Firma nie als Sklave gefühlt und auch nie unfrei. Ganz im Gegenteil! Ich hatte meinen Job genossen, sonst wäre ich nicht so lange geblieben – nur, weil ich nicht genügend Geld hatte, musste ich meine »freie« Zeit verkaufen; aber es war selten »Pflicht«, meistens war es eine »Kür«. Man gab mir Arbeit – nahm mir aber nicht die Freiheit. Zum Glück mein ganzes Leben lang! Und so »lechzte« ich auch nicht nach meinem Abschied, sondern konnte ihm gelassen und mit entspannter Freude entgegensehen.

Was mir mit einigermaßen gemischten Gefühlen bewusst wurde, ist die Tatsache, dass mein gesamtes berufliches Wissen, mein riesiger Erfahrungsschatz von einem auf den anderen Tag nicht mehr gewollt, nicht mehr gefragt sein würde. Was ich gelernt, studiert, gepaukt hatte, all das gab ich jetzt her. Von einem auf den andren Tag!

Wer bin ich als Mensch ohne meinen Job?

Wirklich? Nicht ganz! Zwar würde ich dieses »berufliche Wissen« nun in der Tat nicht oder kaum noch brauchen, das konnte ich quasi über Bord kippen – aber was blieb, war ich selbst. Das, was ich im und durch den Beruf aus mir selbst gemacht hatte, wie ich gelernt hatte, mit Menschen umzugehen, mich zu arrangieren, mich durchzusetzen, tolerant, offen und lernbegierig zu sein – eine große Menge an Eigenschaften, die meine Person geformt hatten, die mich zu dem gemacht hatten, der ich auch ohne meinen Job war, nämlich der eigentliche Mensch, der übrig bleibt, wenn Status, Position, Macht, Amt und Würde nicht mehr da sind. Mein fachliches Wissen würde ich kaum mehr verwenden können, aber eine gewisse Weisheit würde mir bleiben, sofern ich sie (hoffentlich) wenigstens in Ansätzen erreicht hatte. Und ein paar Sprachen sowie einige menschliche Kontakte, die über die berufliche Beschäftigung hinaus bestehen bleiben würden. Letztlich ging es im folgenden Lebensabschnitt um die Frage: Wer bin ich als Mensch, ohne meinen Job?

Und dann war er auf einmal leibhaftig da, der letzte Arbeitstag, für mich der 30. April. Ich hatte mich lange auf ihn vorbereitet, geistig und seelisch, aber als er dann plötzlich da war, war ich doch verdutzt. Es war so, als säße man in einem Flugzeug, die Maschine hatte soeben abgehoben, der Pilot war ein anderer als man selbst, und es gab kein Zurück mehr. Man konnte nur noch vertrauen und hoffen, dass man woanders gut landete.

Und so genoss ich den letzten Tag. Die Kolleginnen und Kollegen hatten schon wochenlang getuschelt und sich vorbereitet, es gab ein wunderbares Fest. Ich hörte ergreifende Reden und erhielt wohl überlegte Geschenke, die mich wirklich freuten. Als ich dann selbst an der Reihe war, etwas zu sagen, spürte ich die Rührung und den Klos im Hals – und schämte mich nicht, als mehr als eine dicke Träne über meine Backen rollte. Auf einmal wusste ich, ich ging von vielen Freunden, die von nun an nicht mehr mit mir gehen konnten, deren Tagesabläufe andere sein würden als die meinen. Ich wusste, ich würde von nun an viel mehr alleine sein – aber ich würde wieder irgendwo gut landen! »Trust«, Vertrauen in die Zukunft, würde mich weitertragen.

ZWEITER TEIL

Die drei Jahre danach

Auf der Suche nach
mir selbst

Mein erster Tag im neuen Lebensabschnitt begann recht gut. Ganz normal und problemlos checkte ich im Frankfurter Flughafen bei der Thai Airways ein und stand am Ende einer langen Schlange vor dem Gate, wo die Tickets noch einmal kontrolliert und die Boarding-Karten verteilt wurden. Ich dachte an nichts Böses, außer an die Strapazen eines zehnstündigen Flugs, wurde aber stutzig, als die Bodenstewardess mit meinem Ticket verschwand und aufgeregt mit irgendeinem Supervisor redete. »Ist etwas nicht in Ordnung?«, fragte ich verunsichert. »Nein, nein«, war die Antwort, »alles okay«. Es schien jedoch nicht ganz so zu sein, denn die beiden fuchtelten mit meinem Ticket herum, schüttelten verständnislos den Kopf, hackten in den Computer und sagten schließlich: »Sorry, wir sind überbucht – aber wir suchen gerade nach einer Lösung für Sie.« Zwanzig Minuten später saß ich in der Business Class zum Tourist-Preis, streckte komfortabel die Füße aus und ließ mich bis Bangkok von einer hervorragenden Crew verwöhnen. Dort stieg ich um auf einen Inlandsflug, der mich in weiteren 90 Minuten nach Surat Thani brachte, nahm von dort ein Taxi, das mich ins Kloster »Suan Mokkhabalarama« brachte, was auf Deutsch so viel wie »Der Hain für die Kraft der Befreiung« bedeutet. Dabei geht es nicht um äußere Ketten, sondern um das, was den Geist unfrei macht. Klingt möglicherweise für manche zunächst befremdlich, reichlich spirituell – aber keine Angst, ich gehöre keiner Sekte an und will auch keine Heilslehre verkaufen. Ich will Sie nur daran teilhaben lassen, welchen Weg *ich* gegangen bin. Ihr Weg kann und soll ein völlig anderer sein als der meine, nämlich der Ihre! Mich persönlich hat jedoch die Auseinandersetzung mit dem Geist, den Mechanismen und Konditionierungen der Gedanken, mit dem, was mich nicht über den eigenen Tellerrand hinaussehen lässt und mich innerhalb meines selbst gezogenen Gartenzauns hält, sehr viel weiter gebracht als das, was man mir in der Schule beigebracht hatte. Dabei habe ich sicherlich von der westlichen Philosophie und Psychologie eine Menge gelernt, ich habe aber festgestellt, dass viele Wurzeln im Osten, namentlich im Buddhismus, liegen. Ich bezeichne mich ausdrücklich nicht als westlicher Buddhist – vielleicht bin ich auf dem Weg dazu, einer zu werden. Ich weiß es nicht! Ich weiß nur, dass ich nicht mehr so ganz tauglich für kategorische Ismen bin! Zwei der wichtigsten Frauen in meinem Leben beschäftigen sich mit Psychotherapie, eine dritte ist Philosophin. Einige meiner engsten Freunde sind Psychotherapeuten, was auf Deutsch so viel heißt wie »Seelenheiler«. Nach dem verbreiteten Satz »Sage mir, wer deine Freunde sind – und ich sage dir, wer du bist«, konnte es nicht ausbleiben, dass auch ich irgendwann mehr über mich wissen wollte. Dieses In-mir-Forschen hat mich schließlich dazu gebracht, dass ich mich vor niemandem mehr verstecken muss! Und die generelle Frage »Wer bin ich und warum bin ich so, wie ich bin?« ist für mich die spannendste aller Fragen überhaupt. Denn dabei geht es um mich selbst und nicht um irgendwelche Schaukämpfe anderer. Ich selbst bin der spannendste, interessanteste und wichtigste Mensch in meinem Leben, ohne dass ich deswegen Egoist oder Egozentriker sein muss! Punkt.

Der erste Tag in Freiheit endet
hinter Gittern

Zwischen Frankfurt und Bangkok gab es eine Nacht, die nicht die meine war, denn die Zeit, gegen die ich flog, wurde verschoben und der Tag, der dann begann, war ein Tag, der bereits sechs Stunden älter war als ich. Diese sechs Stunden hatte ich eigentlich nicht gelebt. So kam ich gegen Mittag an, das »Retreat«, das Programm mit den Meditationen, den Belehrungen und dem fortlaufenden Schweigen, hatte bereits begonnen, man wies mir eine Zelle zu.

Vor genau sechzehn Monaten, als ich schon einmal dort war, hatte ich Zelle Nummer 206, nun hatte ich nicht weit davon entfernt Nummer 213. Diesen Trakt kannte ich zum Glück schon, sonst wäre ich doch recht geschockt gewesen! Ebenerdig, in einem Rechteck, reihte sich den Längen nach eine Zelle an die nächste, insgesamt circa 50, am einen Ende ein paar Toiletten und einige Steinbrunnen, gegenüber der Eingang mit einem Tor, das nie verschlossen wurde. Die Zellen hatten alle eine Holztür mit Riegel, daneben ein vergittertes Fenster, gegenüber einige Öffnungen für den Luftdurchzug, und eine etwa drei Meter lange Betonpritsche mit einem Moskitonetz darüber. Der ganze Raum war vielleicht gerade einmal zwei Meter breit. Das war's. Gefängnis pur mit offener Türe, eine Szenerie, die ich aus gewissen Filmen über die Fremdenlegion kannte. Mir fiel dabei *Die Brücke am Kwai* ein sowie einige Fernsehreports über den Krieg in Vietnam. Palmen, Hitze, Feuchtigkeit, Moskitos, Skorpione, Schlangen. Alles das, was die Tropen an Negativem mitbringen – ich mag sie trotzdem! Ich war im Zellentrakt für Männer, dasselbe Szenarium gab es auch für Frauen.

Mir war schon vorher klar, dass ich hier in keinem »Wellness Hotel« für westliche Touristen war, sondern in einem Zentrum, in dem es um die Besinnung auf den Geist ging, ohne großen Komfort für den Körper und ohne Firlefanz, der für Ablenkung sorgte. Trotzdem, ich war übermüdet von der Reise, es ging alles fürchterlich schnell und ohne Übergang, das Ankommen war ein kleiner Schock, den ich sechzehn Monate vorher besser ertragen hatte, als ich bereits zwei Wochen richtigen Urlaub hinter mir hatte. Ich musste schmunzeln, als ich mich umgucke und mir dabei spontan die knappe Beschreibung einfiel: »Erster Tag in Freiheit hinter Gittern«.

»Alles verklingt wie ein Ton
im Nichts«

Der Tagesablauf im Kloster war recht einfach: Um 04:30 Uhr ertönten die Glocken zum Wecken, um 5 Uhr begann eine halbstündige Lesung, der eine erste 45-minütige Meditation im Sitzen folgte, dann Yoga, eine zweite Sitzmeditation und schließlich eine erste morgendliche Belehrung über buddhistische Weisheiten. Um 8 Uhr gab es ein vegetarisches Frühstück nach thailändischer Art, dann ging man einfachen Arbeiten für die Gemeinschaft nach, und um 10 Uhr begann ein Wechsel von Sitz- und Gehmeditation mit einem Vortrag über die Techniken der Meditation. Um 12:30 Uhr nahm man die zweite und letzte Mahlzeit ein, ruhte sich aus oder machte sich Notizen. Alles fand bei völligem Schweigen der Teilnehmer statt. Erst gegen Ende des zehntägigen Programms gab es Gelegenheiten für direkte Fragen mit englischsprachigen Mönchen oder Lehrern. Um 14:30 Uhr wiederholte sich im Prinzip der Ablauf des Vormittags. Um 18 Uhr gab es Tee und Obst. Um 19:30 Uhr fand nochmals eine Belehrung statt, die mit einer letzten 45-minütigen Meditation den Tag beschloss. Um 21 Uhr war Bettruhe und man fiel in aller Regel in einen guten Schlaf. Die Kosten waren geradezu lächerlich – etwa drei Euro pro Tag, alles inklusive! Es durfte jedoch gespendet werden.

»Was ist der beste Moment in
Ihrem Leben?«

»What is the best moment of your life?« – »Was ist der beste Moment in Ihrem Leben?«, fragte der Abt des Klosters Ajahn Poh bei einer dieser frühmorgendlichen Belehrungen in die Runde der etwa einhundert versammelten Europäer, Amerikaner, Australier, Neuseeländer und der paar Asiaten aus dem englischsprachigen Raum dieses Kontinents. Ich überhörte die Gegenwartsform, denn im Singsang der Aussprache des asiatischen Englisch gehen Präsens und Vergangenheitsform häufig undefinierbar ineinander über. »What is the best moment of your life?«, fragte er noch einmal und schaute in die Gesichter der vor ihm im Schneidersitz hockenden internationalen Gemeinde, Männer und Frauen im Alter von Anfang 20 bis Ende 60, wobei der Schwerpunkt wohl bei um die 40 lag. »Ich gebe Euch etwa fünf Minuten Zeit, macht die Augen zu und lasst es auf Euch wirken«, bot er an. Dabei schlug er mit einem kleinen Holzstab auf die vor ihm liegende Klangschale. In einer inneren Versenkung versuchte ich die Höhepunkte meines Lebens an mir vorüberziehen zu lassen. Dabei fiel mir Einiges ein: der Tag, an dem ich zum erstem Mal im Leben in ein Flugzeug stieg und mein neues Leben in Liberia antrat; die Fete, bei der ich zum ersten Mal mit einer Frau schlief; der unerwartete Augenblick, als wir auf unserer Weltreise im VW-Bus aus der Tiefebene Nepals hoch in die mittleren Berge des vorderen Himalaja fuhren und urplötzlich, nach einer der unzähligen Kurven, über einen Radius von 180 Grad die weiß bedeckten Schneegipfel der Achttausender vor uns lagen – einer der ergreifendsten Momente meines Lebens überhaupt, wo mir nur noch das Wort »Gott« einfiel und ich sonst nichts sagen konnte. Einige berufliche Erfolge fielen mir ein, die mich stolz und glücklich gemacht hatten. Vieles ging mir durch den Kopf, mein Geist sprang mit der nur dem Geist eigenen Geschwindigkeit und seiner einzigartigen Federleichtigkeit durch verschiedenste Stationen meines Lebens und konnte sich nicht entscheiden. Es gab viele glückliche und wichtige Momente in meinem Leben, es war unmöglich, sich auf einen einzigen festzulegen. Da ertönte er wieder, der klare Ton der Klangschale. Langsam öffnete ich die Augen. Der alte Abt in seinem safranfarbigen Mönchsgewand, das bis an die Beine reichte und nur die rechte Schulter frei ließ, den Kopf kahl geschoren, musterte uns gütig mit seinen dunklen, schwarzen Augen und diesem tiefen, weisen Blick und schwieg noch eine kleine Weile. Dann, ganz leise, noch einmal die Frage: »So, what is the best moment of your life?« »Ich bin sicher, Ihr habt über vieles in Eurem Leben nachgedacht, ›I am sure –

but have you also thought about the present moment, the place and moment where you are right now?‹ (Ich bin sicher, Ihr habt über vieles in Eurem Leben nachgedacht – aber habt ihr auch über den jetzigen Moment nachgedacht, in dem Ihr Euch gerade in diesem Augenblick befindet?)

»Hier, gerade jetzt und dieser momentane Zeitpunkt – soll das der glücklichste Moment in meinem Leben sein?«, dachte ich, »wo ich im Schneidersitz auf einem kleinen Kissen hocke, mir langsam, aber sicher die Beine einschlafen, ich gerne eine Lehne für meinen lahm werdenden Rücken hätte, umzingelt von schweigenden Menschen aus allen möglichen Ländern, die sich alle die Frage stellten: ›Was ist da sonst noch?‹, und die bereit waren, dafür die berühmte Extrameile zu gehen.« Es war auch noch die Zeit der morgendlichen Dämmerung, mein Magen knurrte, ich hatte noch kein Frühstück, aber die Luft war voll mit blutrünstigen Moskitos, die mit ihren scharfen Saugern auf der Suche nach frischem Blut aus waren. Diese verdammten Biester, nach denen ich so gerne geschlagen hätte, aber die Buddhisten hier hatten dies verboten, weil auch dies Teil der Gewaltfreiheit zu sein hatte. »One animal eats the other«, »Ein Tier frisst das andere«, hatte einer von ihnen einmal gesagt, »und die Vögel brauchen diese Moskitos. Also verscheucht sie nur, aber lasst sie leben.« Heimlich genoss ich jedoch immer wieder meinen Sieg, wenn ich eines dieser ganz eifrigen und überhaupt nicht zu vertreibenden Biester zu fassen bekam, besonders dann, wenn des Nachts eines sogar den Weg unter mein Moskitonetz gefunden hatte. Stets ein wahrer Schlag der Befreiung, ein Triumph des Zorns über den Pazifismus.

Ich hatte nicht übermäßig viel Zeit, über meine momentane Situation zu reflektieren, war eher gespannt, was danach kommen würde, als der Abt seine Stimme leicht hob, gerade so, dass man es auch noch in der letzten Reihe der nach allen Seiten offenen Meditationshalle aus schmucklosem Beton hören konnte: »The best moment of your life is right now!« (»Der beste Moment Eures Lebens ist genau jetzt!«), sagte er. »Alles, was ihr hinter Euch habt, ist gelebt und nur noch ein Teil Eurer Erinnerung. Die Zukunft ist noch nicht und Ihr wisst auch nicht, ob Ihr sie erlebt und wie lange sie dauert. Das Leben findet nur jetzt, genau in diesem Moment statt! Du kannst im nächsten Moment einen Herzschlag haben oder in einem Monat erzählt dir der Hausarzt, dass du Krebs hast. Ihr wisst es nicht. Alles, was Ihr wisst, ist dass Ihr jetzt lebt, genau in diesem Moment – und darum ist dies der beste Moment in Eurem Leben!«

Das saß, denn irgendwie war es verdammt logisch und einleuchtend! Es gab bei mir einmal den Verdacht auf Darmkrebs. Fünf Tage hatte ich geschwitzt und gebangt, bis ich endlich die Diagnose »negativ« bekam. Ich hatte unerwartete Todesfälle im Freundes- und Bekanntenkreis miterlebt, es gab Herzinfarkte und plötzliche Tumore. Bereits damals, mit 35, wurde ich diesbezüglich sehr nachdenklich, als ich zum ersten Mal aus meinem bürgerlichen Leben und dem sicheren Job in der Industrie ausstieg. Auch mit der Vergangenheit hatte er Recht: Bilder, Erinnerungen des Geistes, die vorbei und ausgelebt waren und höchstens noch durch ihre Auswirkungen in die Gegenwart hineinreichten, in sich selbst jedoch abgeschlossen, gestorben waren. »Alles verklingt wie ein Ton im Nichts«, hatte ich einmal von einem anderen Meister gelernt. Es war zu meinem Mantra geworden und an dieser Stelle fiel es mir wieder ein, bei dieser Belehrung über die Vergänglichkeit des Jetzt, und von einer Zukunft, die noch nicht war. Das »Hier und Jetzt«, nicht das Gestern und Morgen war wichtig, nur das, was gerade jetzt passierte, weil sich das Leben nur im Moment des Augenblicks abspielte. Alles andere war entweder Historie oder Zukunft, Illusion und Hoffnung. »Das beste Essen«, hörte ich den Abt in seinem thai-englischen Singsang aus einiger Entfernung reden, »ist wenige Stunden später bereits zu einem länglichen Klumpen braunen Kots geworden, verdaut und ausgeschieden. So denkt bei Eurer täglichen Verrichtung nicht nur an den wohltuenden Prozess der momentanen Ausscheidung – genießt sie! –, sondern auch an die Vergänglichkeit und dass es keinen Sinn macht, an irgendetwas festzuhalten. Denn alles unterliegt dem steten Prozess der Wandlung, der Geburt, des Sterbens und der Wiedergeburt.«

Ein profanes Beispiel, aber jeder konnte es begreifen, jeder der hier Anwesenden konnte sofort nachvollziehen, wovon er sprach. Klar, einfach, deutlich. Parabeln, die man verstand. »Tatsächlich ist dies ein gutes Beispiel von dem ewig währenden Zyklus von Geburt, Tod und Wiedergeburt«, fuhr er fort. »Wiedergeburt wird häufig missverstanden. Die meisten Menschen denken dabei ausschließlich an eine körperliche Wiedergeburt, weil sie Angst vor dem Tod haben. Aber tatsächlich wissen wir nicht, ob wir wieder geboren werden, ob es da ein Bewusstsein oder eine Seele gibt, die wieder kommt. Wir wissen es einfach nicht! Was wir aber wissen, ist die Tatsache, dass das, was wir ausscheiden – quasi das, ›was geendet hat‹ –, in irgendeiner Form in den Boden und ins Wasser geht, welches wiederum über die Erde und die Atmosphäre erneut in Pflanzen oder Tiere übergeht, die wir folglich essen, und damit wird das, was gestorben war, erneut in den Kreislauf eingebracht und ›wiedergeboren‹. So einfach sind Tod und Wiedergeburt – und nicht anders! Sie finden in jedem Moment statt und nicht nur, wie viele Religionen lehren, wenn eine Seele einen Körper verlässt.« Ich hielt inne, dachte kurz nach. Auch dieser Aussage konnte ich folgen, sie war logisch, einfach, klar und nachvollziehbar. Aber er war noch nicht fertig mit seinen Ausführungen: »Seid Euch bewusst über jeden jeweiligen Moment, tut alles, was Ihr macht, mit vollem Bewusstsein und mit Achtsamkeit! Und vergesst dabei die dualistische Vorstellung von Zeit und Raum. Sagt nicht: ›Ich muss heute Morgen etwas tun‹, denn tatsächlich gibt es dieses ›heute Morgen‹ nicht. Wir können nur eines nach dem anderen tun. ›Heute Morgen‹ ist nur eine Definition, eine Konditionierung, genauso wie ›neun Uhr‹ oder ›heute Abend‹. Eine Handlung bedingt die andere und die Zeit existiert nicht als Zeit und auch nicht der Raum als solches. Denn beide sind unendlich und undefiniert. Was ist, sind der gegenwärtige Moment und die Handlung an sich.«

Vieles, um das ich früher mit Herzblut gekämpft habe, erschien auf einmal unwichtig.

Dies war ein Stück reiner Philosophie, es regte mich zum Nachdenken an. Mir war, als ob ich diese Sätze schon einmal gehört hätte. Nicht nur Buddhisten sprachen so, Ähnliches sagten auch die Philosophen unseres heimischen Westens. Nur, ich saß hier im Schneidersitz in einem thailändischen Kloster, Moskitos summten um mich herum, feine Schweißperlen tropften auf meinen Bauch – aber ich fühlte mich dennoch richtig gut. Endlich hatte ich wieder andere Gedanken in meinem Kopf, ich wurde nicht nach Umsatzzahlen und nach Gewinn gefragt, die in Mikrosekunden gemessenen Taktraten von Computern waren mir egal, ich hörte etwas über Wiedergeburt und von einer Zeit und einem Raum, die irrelevant, weil undefinierbar waren, und außerdem war ohnehin alles vergänglich. Und damit relativ und nicht ganz so wichtig! Jedenfalls, so wurde mir schlagartig klar, war vieles, allzu vieles in meinem bisherigen Leben wichtig, das nun auf einmal nicht mehr wichtig war. Mehr noch, vieles, um was ich mit Herzblut gekämpft hatte, war auf einmal in der Nichtigkeit einer Vergangenheit untergegangen, über die ich mich im besten Fall vielleicht noch rühmen konnte und der ich auch noch nachhängen mochte – aber sie war endgültig vorbei! Und damit war für mich in diesem Moment ebenso klar, ich durfte – und konnte gar nicht stehen bleiben: Das Leben musste täglich neu erfunden und gelebt werden! Ich konnte nur weitergehen, nach vorne, nicht zurück!

»A state of the mind« – ein Zustand des Geistes

Mein Aufenthalt im Kloster wurde zu einer Art innerer Einkehr, die mir half, über einen tiefen Graben, eine Schlucht zu springen, von der ich befürchtet hatte, dass sie sich möglicherweise auftäte und ich Zeit brauchen würde, um von dort herauszukommen. Diese Schlucht hatte sich nicht aufgetan, das kann ich auch noch mehr als zwei Jahre später, da ich diese Zeilen schreibe, klar feststellen! Es war nicht eine Art von »Zeitvertreib«, verschiedene Hobbys, die ich suchte, um meine Tage zu füllen, sondern es war die Auseinandersetzung mit dem Geist, mit mir selbst, die diese Zeit spannend und erfüllend machen. Auf einmal waren da Raum und Platz für vieles, das ich vorher nebenbei und in Eile machen musste. Bücher hatten mich dabei begleitet, Gespräche, verschiedene Reisen und immer wieder ein neugieriges, offenes Schauen auf das, was war, was in meinem Kopf vorging, wie sich Gedanke an Gedanke reihte und warum dies überhaupt so war – und ob es so sein musste.

»Be aware of the present moment, because the future is now!« (Seid Euch des jetzigen Moments bewusst, denn die Zukunft ist jetzt!), hörte ich den Mönch in seiner safranfarbenen Kutte sagen, als ich an einem dieser Abende zum letzten Vortrag an einem schwülen Tag etwas erschöpft und müde unter den anderen Menschen in der »Meditation Hall« auf meinem kleinen Kissen saß. Kurz davor hatte es für viele Teilnehmer eine offensichtlich willkommene Abwechslung gegeben. Eine ungefähr zwei Meter lange, pechschwarze Schlange war gesichtet worden und hatte für schweigende Unruhe in der Stille gesorgt. Keiner konnte sie identifizieren, man gestikulierte nur mit den Händen und mit dem Kopf, es war klar, ihr Biss konnte tödlich verlaufen. Die Gewaltfreiheit des Ortes und der Philosophie geboten, dass man sie zwar vertreiben, aber keinesfalls töten durfte. Sie hatte sich schließlich von selbst vertrollt, aber jeder wusste, dass sie noch irgendwo im Gelände war – und wo eine Schlange war, konnten auch mehrere sein. Zwei Tage davor war es das Prachtexemplar eines etwa zehn Zentimeter langen Skorpions, das in der morgendlichen Dämmerung bei den Yoga-Übungen für eine leichte Brise im sonst beschaulichen Geschehen gesorgt hatte.

»Be aware of the present moment, the future is now«, wiederholte ich im Kopf. »Will er damit sagen, dass die Schlange, von der er auch etwas mitbekommen hatte, die Zukunft für irgendeinen unserer Teilnehmer abrupt beenden hätte können, falls er oder sie nicht achtsam gewesen wäre oder ein böses Schicksal es so gewollt hätte?«, fragte ich mich selbst. Dabei leuchtete bei dem Teilsatz »The future is now« bei mir eine innere Lampe auf: ein beliebtes Graffiti, das ich von den Wandmalereien aus deutschen Großstädten kannte! »Die Zukunft findet jetzt statt, in diesem Moment!«, hieß es. Aber der Mann redete weder von der Schlange noch vom Skorpion. »You know«, sagte er, »sogar der Tod findet nicht in einer Zukunft statt, sondern nur in einem jetzigen Moment. Aber denkt nicht zu viel an den Tod, lenkt den Geist lieber auf das, was Euch glücklich macht, was Euch ein gutes Gefühl vermittelt! Denn Ihr selbst habt es in der Hand, ob Ihr Euch glücklich und zufrieden fühlt, und niemand sonst!«, fuhr er fort. »Das Gefühl von glücklich oder unglücklich findet in Eurem Kopf, in Eurem Geist statt – und nirgendwo sonst!«

Das ist einfach, dachte ich bei mir, aber bitte sag uns auch, wie das geht! »Eure Gedanken sind es, die Euch das Gefühl von Glück, Traurigkeit, Zufriedenheit, Depression, Ausgeglichenheit, Unruhe, Angst, Liebe, Zuneigung, Hass und so weiter vermitteln. All diese Zustände sind ein ›state of the mind‹, ein Zustand des Geistes, nicht mehr und nicht weniger! Die äußeren Umstände dazu sind relativ – Ihr könnt in der schönsten Villa unglücklich sein und genauso im kleinsten Zelt total glücklich und zufrieden. Letztlich ist es Euer körperlicher Komfort, der in einer Villa ein anderer sein mag als in einem Zelt. ›It is your mind‹, es ist Euer Geist, der die Entscheidung trifft, ob er sich hier oder da wohl fühlt!«

Diese Aussage fand ich krass aber bedenkenswert! Zumindest war sie ein neuer Ansatz für mein eigenes Denken, für die Art und Weise, wie mein Geist meinen Zustand bestimmte. Meine Erinnerung setzte ein, denn ich kannte beides: die seelische Geborgenheit, den Glücksflug im Zelt, genauso wie die emotionale Einsamkeit, das Gefühl tiefer Depression und Resignation in der Villa. Beide Zustände hatte ich mehrfach erlebt. Und alles war kopfgelenkt!

Ich wollte an dieser Stelle Zeit, wollte über das soeben Gesagte sinnieren, meinen eigenen Einfällen diesbezüglich weiter folgen, aber der Mönch gab mir keine Chance, schon mit den nächsten Sätzen forderte er wieder meine ganze Aufmerksamkeit:

»Eure Gedanken sind schneller als Eure Körper und als das, was Ihr Eure Seele nennt. Wenn Ihr zum Beispiel eine Reise von Europa nach Thailand macht, dann braucht Euer Körper etwa zehn Stunden, bis er da ist, Eure Seele dagegen mindestens 24 Stunden länger, bis sie auch da ist, denn Eure Gefühle, Euer Bewusstsein ist noch längst nicht da, wenn Euer Körper irgendwo ist. Ich glaube, jeder von Euch hat diese Erfahrung schon einmal gemacht.«

Stimmt, gab ich ihm sofort Recht, das ist tatsächlich so. Dieses Gefühl, irgendwo zu sein, aber doch noch nicht angekommen, das kannte ich sehr wohl! Das war ja erst vor ein paar Tagen so, als ich zwar schon hier in Thailand war, aber richtig da war ich eigentlich erst später.

»Euer Geist dagegen, ist in der Lage, viel schneller als mit Lichtgeschwindigkeit zu reisen! Ihr seid nirgendwo, wo Eure Gedanken nicht sind – und Ihr selbst seid dennoch da, wo Eure Gedanken sind, obwohl Euer physischer Körper ganz woanders sein mag. Ihr könnt Eure Gedanken ruckzuck auf den Mars lenken und Euch davon ein Bild machen, obwohl Eurer Körper hier in Thailand ist, und mit der gleichen Geschwindigkeit könnt Ihr sie nach Europa oder nach Amerika lenken. You are your mind – and your mind is your own self! Ihr seid Euer Geist – und Euer Geist seid Ihr selbst!«

Auch an diesen Gedanken blieb ich hängen und machte mir eilig ein paar Notizen, um später darüber in Ruhe sinnieren zu können, denn die Belehrung ist noch nicht zu Ende:

> **Eine alte Weisheit bewahrheitet sich:**
> **Das Glück ist in dir selbst.**

»Eure Glücksgefühle oder Eure Unzufriedenheit, Euer Liebesgefühl oder Hass, Geiz oder Großzügigkeit, Verlangen, Gier, Trauer, Freude, sie alle sind Zustände des Geistes und nicht des Körpers! Euer Körper mag dick oder schlank sein – aber Euer Geist entscheidet, ob er ihn als schön empfindet oder nicht. Es kann sein, dass Ihr bittere oder süße Schokolade mögt oder überhaupt keine. Eure

Geschmacksnerven sind nur die Sensoren, Euer Geist entscheidet, was Euch schmeckt oder nicht schmeckt, nicht Euer Mund. Es ist alles ein ›state of the mind‹, ein Zustand des Geistes!«

Daraufhin machte er ein kleine Kunstpause, um uns Zeit zum Überlegen zu geben.

»Happiness is in yourself, das Glück ist in dir selbst, sagt eine alte Weisheit«, ging es nach einer kleinen Weile weiter, »und Ihr müsst es jeden Moment neu erfinden, Euch dessen bewusst sein! Euer Leben wird ständig neu gelebt, jeder neue Zustand Eures Geistes ist eine Neugeburt und sein Ende ein Sterben. Euer Geist bestimmt über Leben und Tod, nicht Euer Körper, er ist nur ein Vehikel. Ein Zustand stirbt, wenn sich Euer Geist einen anderen Ort sucht, und ein Zustand wird in dem Moment geboren, wenn sich Euer Geist ihm zuwendet. Think about it and have a good night«, beendete er seine Lecture, verbeugte sich zu uns mit gefalteten Händen, stand auf und ging.

»Unser Leben ist das,
wozu unsere Gedanken es machen.«
MARC AUREL

Meditation, Nirvana und Altes loslassen

»Euer Geist ist konditioniert, etwas zu erreichen, etwas zu bekommen, etwas zu werden. Unsere Gesellschaft und unsere westliche Erziehung hat uns darauf ausgerichtet, dass wir unser Leben dazu benützen, um etwas Bestimmtes zu erreichen und etwas zu werden. Wir funktionieren nach Definitionen und orientieren uns an selbst gesteckten oder fremdbestimmten Zielen. Wir gehen in die Schule und lernen Lesen und Schreiben. Dann erlernen wir einen Beruf, üben diesen aus, bekommen dafür Geld und oft auch Anerkennung, wir sind gewohnt, für etwas zu arbeiten und dafür etwas zu bekommen. Unser Geist, unsere Gedanken sind gewohnt, von einem Objekt zum anderen zu hüpfen. Kaum haben sie sich einen Ort ausgesucht, springen sie schon zum nächsten. Ohne Unterlass, ohne Ruhepause.«

So ungefähr lauteten die Worte, mit denen der hochgewachsene, hellhäutige Mönch mit dem unverkennbaren amerikanischen Akzent seinen Vortrag zum Thema Meditation einleitete. Sein klar verständliches Englisch war eine echte Wohltat im Vergleich zu dem Englisch vieler Thailänder, deren Aussprache oft holprig wirkte und mitunter schwer zu verstehen war. In einem kleinen Diskurs hatte er uns erzählt, dass er seit 17 Jahren in Thailand lebte, nach dem Studium der Physik und Mathematik über das Peace Corp in den Norden dieses Land kam, mit dem Buddhismus zunächst losen Kontakt aufnahm, dabei aber neugieriger und neugieriger wurde – und nun seit mehr als zehn Jahren die Mönchskutte trüge. Sein Gesicht sah gut aus, ruhig, gelassen und von Reife geprägt. Er hatte gelebt, sich auseinander gesetzt, Fragen gestellt und Antworten gesucht, das alles war ihm deutlich in die Züge geschrieben. Und dabei hatte er einen gesunden Humor behalten, was an vielen seiner Sätze herauszuhören war. Eine seiner Lieblingsanmerkungen, immer mit einem Augenzwinkern versehen, war: »This is what I say – it must not mean, that I can do it!« (Was ich sage, muss nicht heißen, dass ich es auch tun kann). Ein Mensch, der einen interessanten Weg, abseits der üblichen Hauptstraßen gegangen war. Er war mir spontan sympathisch gewesen.

»Vielen, die sich in Meditationsübungen versuchen, geht es auch hier um ›Leistung‹, um etwas Bestimmtes zu erreichen, dieses ›Tun, um zu …‹ ist, was Euch Euer ganzes Leben angetrieben hat. Man meditiert beispielsweise, um Ruhe zu finden, um abzuschalten, um erleuchtet zu werden, um einen gewissen Höhepunkt zu erreichen etc. Aber um all das geht es nicht in der Meditation! Es geht einzig und alleine darum, nichts zu wollen, nichts erreichen zu wollen, auszuatmen und einzuatmen, dem Atem zu folgen und alle Gedanken, die kommen und Euch dabei stören wollen, loszulassen, ihnen nicht zu folgen, ihnen aber dennoch Raum zu geben und sie nicht mit Gewalt zu vertreiben. Der Meister Suzuki hat einmal gesagt: ›Wenn Ihr Euer Schaf oder Eure Kuh unter Kontrolle halten wollt, gebt Ihnen eine große, weite Wiese.‹ Es wird Euch nicht gelingen, Eure Gedanken unter Kontrolle zu halten. Sie werden kommen und gehen, Ihr sollt sie nicht kontrollieren wollen, sondern nur auf sie achten! Dies ist ein wesentlicher Unterschied! Kontrollieren heißt, sie in eine bestimmte Richtung zu lenken, sie möglicherweise vertreiben zu wollen. Auf sie zu achten heißt, sie wahrzunehmen, ohne ihnen den Raum zu geben, dass sie Euch kontrollieren! Sie wahrzunehmen heißt, sie anzuschauen und sie wieder loszulassen, wie eine weiße Wolke am Himmel, die auf einmal da ist, sich ständig verändert, von der man aber weiß, dass man sie weder kontrollieren noch greifen kann. Ich weiß, dass sie da ist, und ich weiß, dass sie wieder geht und dass sie in jeder Sekunde eine andere Form annimmt. Ich kann sie nicht fassen, denn sie ist Teil dieses unendlichen Raums, der keinen Anfang und kein Ende hat. Genau wie Eure Gedanken, die auch keinen Anfang und kein Ende haben und die nichts anderes sind als luftleerer Raum, ohne eigenes Selbst und ohne festen Platz.«

Hier stutzte ich und wiederholte innerlich: »Eure Gedanken, die keinen Anfang und kein Ende haben und die nichts anderes sind als luftleerer Raum, ohne eigenes Selbst und ohne festen Platz.« Ich war beinahe enttäuscht! War das wirklich alles?

»Euer Geist, Eure Gedanken kennen keine Grenzen und auch keine Zäune; Euer Geist kann alles beinhalten und alles umfassen – und dennoch binden wir uns selbst an die einschränkenden Konditionierungen unseres Geistes – unserer Ansichten, Ideen und Meinungen. Dabei ist im Weltall genügend Raum für jede Theorie, für jede Meinung und jede Ansicht. Sie alle kommen und gehen, weil es keinen permanenten Zustand gibt, keinen festen Raum, kein eigenes Selbst. Es ist auch genügend Platz da für jede Art von menschlichen Wesen – und dennoch will die Menschheit kontrollieren, bestimmen und nach festen Konditionierungen und vorgegebenen Mustern beengen. Festhalten und besitzen wollen, sich den steten Veränderungen entgegen stellen, dies treibt uns immer wieder in die misslichsten Situationen.«

Er hat Recht, sagte mein Kopf, unserem Geist sind tatsächlich keine Gartenzäune gesetzt und dennoch stellen wir uns ständig selbst welche auf. Wir grenzen aus, wir grenzen ein, wir lieben die Kontrolle über alles. Ich witterte eine neue Erkenntnis für mein ureigenes Freiheitsgefühl und lauschte weiter.

**Unser Geist schafft Bewusstsein,
und Bewusstsein schafft Materie.**

»Wenn Ihr meditiert, konzentriert Euch zunächst nur auf das Ein- und Ausatmen. Sagt Euch meinetwegen: ›Ich atme ein‹, ›Ich atme aus‹. Nichts anderes. Wenn Ihr dies am Anfang für ein paar Minuten schafft, seid Ihr schon ganz gut. Eure Gedanken werden Euch dennoch nicht verschonen. Sie werden kommen und gehen. Aber gebt ihnen nicht mehr Raum als Ihr bewusst wollt. Beobachtet sie schließlich nur wie eine Tür, die aufschwingt und zuschwingt, wie ihre Bewegungen dabei weniger und weniger werden. Und betrachtet dabei, wie sich Eure Gedanken formieren, welche Gefühle sie in Euch entwickeln wollen, was sie in Euch auslösen. Aber folgt ihnen nicht zu weit, sonst kontrollieren sie Euch, ohne dass ihr es merkt. Übt das Loslassen! Erinnert Euch daran, dass es nur Eure Gedanken sind, Euer Geist, der Euch die verschiedenen Gefühle vermittelt. Er alleine entscheidet, ob Ihr Euch glücklich oder unglücklich fühlt, ob Ihr ruhig und gelassen oder aufgeregt und nervös seid. Das Loslassen, dieses ›über oder neben Eurem Geist zu stehen‹, zu erkennen, was er bewirkt und wie er wirkt, das alleine ist Erleuchtung, das Nirvana, das Ihr sucht. Es ist der Weg der Meditation, der zur tieferen Erkenntnis führt! Nirvana ist nichts anderes als ein Zustand des Geistes, eines Geistes, der loslassen kann und nicht mehr anhaften muss!«

Nirvana ist also nicht zu vergleichen mit einem Paradies, sondern ist nur ein Geisteszustand, der wie alles vorübergeht und deswegen nur von kurzer Dauer sein kann. Und schon folgte die knappe Bestätigung:

»Es lohnt sich nicht, an irgendetwas anzuhaften, denn alles ist impermanent, unterliegt der ständigen Veränderung und ist nur ein Zustand des Geistes!« Und dann kam wieder seine Verschmitztheit durch: »I know«, sagte er, »ich weiß, Eure negativen Gefühle loszulassen, das ist etwas, das Ihr gerne wollt. Wer will denn schon lange traurig oder bekümmert oder ärgerlich sein? An den schönen, angenehmen Gefühlen aber, wie Verliebtheit, Freude, irgendwelche Glückszustände, wollt Ihr möglichst lange festhalten, am liebsten für immer. Aber ist Euch das schon mal gelungen?«

Leider nicht, stimmte ich ihm still und leicht gequält zu.

»That's why, the good and the bad«, kam sein Schlusskommentar, »das Gute und das Schlechte, nehmt es zur Kenntnis, geht in die Gefühle des Ärgers und der Freude, genießt es voll – aber wisst, dass es vorübergeht. Steht ein bisschen neben Euch und sagt Euch: ›Es hat kein Selbst‹, es ist nur ein ›state of the mind‹, ein Zustand des Geistes.«

Sprach's, verbeugte sich und bat uns, der nächsten Meditationsübung zu folgen.

Endlich Urlaub – und ein
bisschen was gelernt

Einige Tage später befand ich mich auf der Ferieninsel Ko Samui im Süden Thailands, im Chinesischen Meer gelegen. Dort, in einer kleinen Bungalowanlage, etwas abseits vom Massentourismus, bei Bo Phut, traf ich auch auf meine Frau. Endlich richtige Ferien, endlich Urlaub, endlich die lang ersehnte Entspannung von einem Arbeitsende, das sich am Schluss mehr zäh dahinzog, als dass es noch besonders erfüllend war. Es hatte natürlich auch viel mit meiner inneren Einstellung zu tun: Einmal entschlossen zu gehen, war die Luft raus.

Dass der Aufenthalt im Kloster zwar innere Spuren hinterlassen hatte, meine tagtägliche Praxis aber nur tendenziös beeinflussen konnte, zeigte folgende kleine Begebenheit, die ich kurz schildern möchte:

Nachdem jede Art von Wein in Thailand importiert werden musste und daher einigermaßen teuer war, hatte ich meine Frau gebeten, eine gute Flasche mitzubringen. Sie war auch sicher bemüht, da aber üblicherweise der Weinkauf mehr zu meinem Ressort gehörte, griff sie im Regal zu einer Flasche Weißwein, deren Herkunft und Lage mir völlig neu waren. Trotzdem war ich voller Vorfreude, als wir die Flasche an einem dieser schönen Tage öffneten und die Gläser füllten. Der Geruch war noch einigermaßen ansprechend, aber der erste Schluck wäre auf einer Weinkarte wohl mit »sehr trocken« vermerkt gewesen, für mich war er schlichtwegs sauer und im Geschmack flach. Nicht gedenkend, »dass alles vorübergeht und ohnehin nur ein ›state of the mind‹ ist – auch das, was mir mein Gaumen vermittelt –, sagte ich etwas grob, aber ehrlich: »Ich glaube, du hättest doch auf eine bewährte Sorte achten sollen, wenn du schon nur eine Flasche mitbringen kannst!« Und die Rückantwort (so ungefähr): »Also hör mal, ich schlepp den Wein an, hab ohnehin schon den Koffer übervoll und alles, was dir einfällt, ist zu meckern, anstatt mal etwas so zu nehmen, wie es ist, und dankbar zu sein, dass du jetzt überhaupt einen Wein trinken kannst anstatt Kokosmilch mit diesem lokalen Whiskygebräu.«

Beide hatten wir Recht. Aber erst einmal war die nette Atmosphäre für eine kurze Weile gestört. Wie bei einer Runde Schachspiel hatte ich wieder einmal vergessen, mir die nächsten Züge zu überlegen ...

Aber dieses kleine Intermezzo konnte uns nicht davon abhalten, den Urlaub voll zu genießen, zu entspannen, zu relaxen, gemeinsam den Schritt in mein neues Leben zu unternehmen. Klar, dass wir beide von meinem beruflichen Ausstieg – oder vielleicht besser: einer langen Pause, vielleicht auch nur einem Umstieg – betroffen waren; aber letztlich war es in erster Linie mein Job, den ich aufgab, mein Leben, das sich nun, nach diesen Ferien, drastisch verändern sollte. Eine Entscheidung allerdings, die immer auch die Partnerin bzw. den Partner und die ganze Familie – auch die Kinder – mit einbezieht.

Anfang Juni, zwei Tage, nachdem ich zurück aus Thailand war, mache ich am ersten Montag, an dem ich nach einem Urlaub nicht wieder ins Büro ging, folgenden Eintrag in mein Tagebuch:

»Ich bin sicher, dass mein Entschluss, mein Leben radikal zu verändern und eine neue Rolle einzunehmen, der einzig richtige gewesen ist. Mein inneres Gefühl sagt mir: Es wäre schrecklich langweilig, sogar eine Zeitverschwendung, basierend auf einem übertriebenen Gefühl von Sicherheit, gewesen – einer Sicherheit, die mich eher beengt, aber keineswegs frei gemacht hätte –, wenn ich jetzt, an diesem Montag oder an irgendeinem anderen Tag der Woche meinen Platz in meiner Firma wieder einnehmen würde und im Wesentlichen dem nachginge, was ich schon all die Jahre davor gemacht habe. Jetzt bin ich wirklich ein gutes Stück freier geworden, weil ich neben der finanziellen Sicherheit vor allem auch einen Teil einer neuen persönlichen Freiheit, nämlich die über den Geist, gefunden habe. Ich bin freier geworden, weil sich mein Geist verändert hat!

Ich hoffe, ich kann das, was ich gelernt habe, zumindest teilweise bewahren!«

Und dann, anstatt ins Büro, fuhr ich erst einmal an einen nahe gelegenen See zum Baden. Denn es ist Juni und damit Sommer auch in Deutschland.

Eine Schublade, in die ich
nicht hineinwill

Die erste Woche nach Thailand war so etwas wie eine Aufarbeitung und eine Wiedereingliederung, die zweite Woche dagegen konfrontierte mich durch zwei markante Begebenheiten mit der Realität meines neuen Lebens: Sechs oder gar sieben Wochen Urlaub am Stück hatte ich seit meiner Weltreise nicht mehr gehabt. Das Übliche waren zwei, maximal drei Wochen Ferien gewesen, dann ging es achtzehn Jahre lang zurück in den vertrauten Job und die damit verbundene Routine, in die gewohnten Abläufe. Die letzte Urlaubswoche war dabei meist schon geprägt von einer gewissen geistigen Vorbereitung und von Überlegungen wie »Was liegt an, was wird mich erwarten?«. Manchmal fand auch schon ein Telefonat mit meiner Sekretärin oder mit Kollegen statt. Nun gab es ein Nichts. Kein Loch, in das ich fiel, aber eine noch ungewohnte Leere. Ein Freiraum, den es selbstgestalterisch zu füllen galt.

> **Die neue Situation fühlt sich noch nicht immer gut an.**

»Was ist die natürliche Reaktion vor dem Unbekannten?«, ist eine von Psychologen gerne gestellte Frage. Die geläufige Antwort: »Angst«, »Unsicherheit«, eventuell sogar »Panik«. Genau das trat ein. Plötzlich stand da die bange Frage im Raum: »Was tue ich als Nächstes und was tue ich als Übernächstes?« Die Lösung des Rätsels war schnell gefunden – durch einen Blick in meine Projektmappe, »die für später«, die ich ständig ergänzte, auch mit einer Liste von Leuten, mit denen ich längst wieder einmal telefonieren oder direkten Kontakt aufnehmen wollte. Dieses Rezept hatte sich bewährt, selbst drei Jahre nach meiner so genannten »Frühpensionierung« ist die Mappe immer noch gut voll! Und ihre Wirkung als Beruhigungspille hat sie auch nicht verloren – aber eigentlich brauche ich sie heute nicht mehr.

Ein weiteres, unangenehmes Ereignis widerfuhr mir bei meinen neuen Gehversuchen in einem Supermarkt: Ich stand an der Kasse, hinter mir ein Mann, der vielleicht gerade die vierzig überschritten hatte und der es offensichtlich sehr eilig hatte. Ich stand da, packte meine Sachen ein und versuchte die zu bezahlende Summe der Kassiererin passend zu geben und wühlte in meinem Hartgeld. Ein bekannter Vorgang, der mich selbst schon des Öfteren nervös gemacht hatte, wenn sich die Leute dafür allzu viel Zeit nahmen. Ich selbst mochte an diesem Tag auch noch etwas von der Gelassenheit Asiens geprägt gewesen sein und war daher vielleicht auch etwas gemächlicher als sonst. Jedenfalls war ich für den Menschen hinter mir deutlich zu langsam, denn unvermittelt ließ er seinen Unmut heraus: »Können Sie nicht schneller Ihr Geld zählen, ich hab nämlich noch was anderes zu tun«, und setzte mit Nachdruck noch einen gezielten Schlag drauf: »Ich bin ja schließlich kein Frührentner!« Ich sagte erst mal nichts, holte kurz Luft und sagte dann: »Mit dieser Hektik werden Sie auch keine Frührente erleben, und eine normale Rente schon gar nicht!« Zumindest waren wir damit wieder pari. Aber ein kleiner Schock blieb sitzen. Ich musste mich kurz selbst beruhigen: Erstens war ich offiziell noch auf der Gehaltsrolle meiner Firma, denn ich feierte zunächst sechs Monate Resturlaub ab, zweitens wurde allgemein behauptet, ich sähe etwa zehn Jahre jünger aus, drittens konnte der Typ nichts davon wissen, dass ich tatsächlich dabei war, mich wenigstens offiziell auf eine Frührente hinzubewegen. Ich weigerte mich zwar, mich so zu fühlen, aber der Hieb hatte gesessen, auch wenn es den Falschen traf und der Mann keineswegs mich persönlich gemeint haben konnte. Ich sah aber eine Schublade, in die ich nicht hineinwollte und in die ich auch nicht hineinpasste!

Eine peinliche Frage und
eine passende Antwort

Die Schublade, in die ich nicht hineinwollte, brachte mich noch auf eine unbequeme Frage meiner Zeitgenossen, für die es einer neuen Antwort bedurfte: die nach meiner Berufsbezeichnung. Früher war das klar:

»*Ich bin Vertriebsmanager bei Hewlett-Packard ...*«

Auf einmal war ich das nicht mehr und es stellte sich selbst mir die bange Frage, ja – was oder wer war ich nun eigentlich noch? Natürlich fiel mir dazu einiges ein, aber nicht sehr viel, was eindrucksvoll klang und mit dem ich mich auch identifizieren mochte.

Zunächst einmal war ich »*Herb Stumpf*«. Und dann? – Ja, »*Diplomwirtschaftsingenieur*«. Das reichte aber den wenigsten, sie wollten mehr wissen, sie bohrten weiter: »Was machen Sie denn?« Jetzt spätestens musste man Farbe bekennen: »Nichts.« Das stimmte aber auch nicht, denn ich tat nicht »nichts«, ich tat nämlich ständig was! Aber was? Was passte in eine Kiste, mit der man sich identifizieren konnte?

»*Frühpensionär*« oder »*Frührentner*« oder »*arbeitslos*« (im Sinne von »*Ich bin die Arbeit los*«) ... das klang alles schrecklich, keiner wollte sich damit in meinem Alter abstempeln lassen. Also: »*Privatier*«. Klang angestaubt und zu sehr nach Reichtum. Geld hatte man schließlich, falls man welches hatte, aber man redete nicht darüber. »*Ruheständler*« oder gar »*Vorruheständler*«. O Graus! »*Aussteiger*«? klang schon etwas besser, zumindest nach einer gewissen Freiwilligkeit und nicht nach Rausschmiss. Aber zünden wollte es auch nicht so richtig. Vielleicht gar keine Kurzbezeichnung, dafür eine kurze Erklärung. Zum Beispiel: »*Ich habe keinen festen Job mehr, ich tue das, was mir Spaß macht.*«

Nicht ganz so schlecht! Schon besser. Oder: »*Ich muss nicht mehr arbeiten, ich kann mir leisten, das zu tun, was ich will.*«

Klang zwar leicht versnobt, aber besser als »*Vorruheständler*«. Das klang nämlich so wie »Vor der Ruhe steht er«. Was ja auch meistens stimmte ...

Leicht aggressive Typen mögen sich auch zu einem knappen »*Ich hab lange genug gearbeitet – ich muss nicht mehr*« durchringen. Und Philosophen könnten sagen: »*Ich bin.*« Aus. Das wird aber wenige der lästigen Frager befriedigen!

Was sollte ich also auf meine Visitenkarte schreiben? Gar nichts. Denn ich hatte keine mehr. Und sollte ich eine wollen, dann käme da nur mein Name drauf und vielleicht meine Adresse. Ohne den Schnickschnack, der einmal war und den ich für mein Ego nicht mehr brauchte.

Und was sollte ich sagen, wenn mich einer fragte, was ich war und was ich derzeit machte? Dann würde ich eine kurze, ehrliche Erklärung abgeben – die Leute würden eher neugierig und interessierten sich tatsächlich für mich und was ich machte, oder sie ließen mich in Ruhe, was auch nicht schlecht war!

Und noch eine gute Frage

Es dauerte nicht lange, da wurde ich mit der lästigsten aller Fragen konfrontiert, einem gleichmäßigen Satz, dessen Form und Wortfolge immer so aussahen:

»Was machst du eigentlich den ganzen Tag?«

Dabei lag die Betonung auf:

»*Waaas* machst du eigentlich den *gaaaanzen* Tag?«

Das »a« in »Was« und »ganzen« so lang gezogen, wie sich wohl der Tag der Frager in ihrer eigenen Monotonie und Langeweile hinzog. Das Interesse war wohl eher vorgetäuscht, denn wer so fragte, konnte sich schwerlich vorstellen, dass ein halbwegs kreativer Mensch in der Lage war, seine Zeit ohne den festen Rhythmus eines klar getakteten Arbeitsablaufes zu verbringen. Es war auch sicher so, dass die eigene Angst vor der Leere durch diese Wortkonstellation ausgedrückt wurde. Wie auch immer, auch diese (leider) regelmäßig gestellte Frage bedurfte einer Antwort, denn ganz nervige Zeitgenossen gingen sogar so weit, dass sie genau wissen wollten:

»Also jetzt sag mir doch einmal, du stehst auf, frühstückst – und was machst du, bis du ins Bett gehst? Was machst du ohne regelmäßige Arbeit eigentlich?«

Was sagt man nun, wenn man einem guten Bekannten oder gar einem Freund nicht barsch über den Mund fahren will, weil er sich mit seinen eigenen Sorgen und Ängsten vielmehr selbst entblößt?

Klar habe ich wenig Lust, mich ständig erklären oder gar rechtfertigen zu müssen, und so benütze ich mittlerweile gerne eine Gegenfrage:

»Was machst du eigentlich am Samstag oder am freien Sonntag?«

Meist folgt darauf ein verdutztes Grübeln, ein kurzes Nachdenken – und dann kommt meine weitere Antwort, die meistens zufrieden stellt: »Siehst du, genau das mache ich von Montag bis Sonntag.«

Und wenn's gar nicht reicht, dann erzähle ich noch ein bisschen was von meinem Garten, von meinem Haus, von meinen Reisen, von meiner Malerei, vom Schreiben, vom Nachdenken, vom Wandern, vom Lesen, von den Aktien und von der Börse, von dem Mehr an Zeit, das ich für Beziehungen und für Freunde habe, und dass ich ziemlich genau das mache, was mir Spaß macht. Und auf einmal ist mein Gegenüber zufrieden, häufig sogar neidisch.

Immer zu Hause – gewöhnungsbedürftig

Was ich im Folgenden beschreibe, ist ganz klar aus der Sicht eines Mannes, weil ich nur diese Sicht kennen kann und weil die Beispiele, die mir geliefert wurden, ebenso alle von Männern stammen. Eine Frau, die ihr Leben lang berufstätig war und die nun auf einmal die neun bis zehn Stunden, die sie bisher in einem Job verbracht hat, zu Hause verbringt, wird jedoch vieles von dem, was ich sage, ähnlich empfinden. Ich bleibe also in den möglichen männlichen Rollen, nämlich der des Ehegatten, des Partners, des Singles, des Familienoberhauptes, der von einem auf den anderen Tag nicht mehr morgens das Haus verlässt und irgendwann abends wieder kommt, der öfter auch mal unterwegs, auf Geschäftsreisen über Nacht oder gar tagelang wegblieb. Dieser Kerl, der möglicherweise schon mit einem freien Wochenende schwer zu kämpfen hatte, ist nun auf einmal 24 Stunden, und das ohne absehbares Ende, zu Hause. Schöne Aussichten! Für die einen wirklich »schön« und sogar ein Traum, für die anderen ein ernster Problemfall, in aller Regel zumindest ungewohnt und damit gewöhnungsbedürftig. Auch für ihn, den »Aussteiger« selbst!

Ich beschränke mich auf zwei krasse Konstellationen: die des Alleinstehenden, des Single, und die des Paar- oder Familienmenschen.

Singles dürften es
schwerer haben

Die Situation der allein Lebenden hat in aller Regel nicht so viele unmittelbare Abhängigkeiten im vierundzwanzigstündigen Tagesablauf. Da allerdings die Hälfte aller Haushalte in deutschen Großstädten Single-Haushalte sind, ist diese Problematik keineswegs zu unterschätzen – wobei die Altersstrukturen in der statistischen Verteilung sicher eine große Rolle spielen. Der oder die Single, oft das Symbol für Unabhängigkeit und Freiheit, hat in aller Regel mit dem plötzlichen »Noch-mehr-allein-Sein« erheblich größere Probleme als der so genannte Paar- oder Familienmensch. Hat der allein Lebende seine sozialen Kontakte hauptsächlich über den Beruf bezogen, stellt ihn der Abschied von den Kollegen und Geschäftspartnern vor ein zeitliches und emotionales Loch, das es nun zu füllen gilt. Plötzlich muss er sich aktiv um Kontakte außerhalb seines Arbeitsplatzes bemühen. Wie aber soll das so schnell gelingen, wenn dies bisher nie ein Thema war?

Die Bewältigung der Einsamkeit und eines häufig auftretenden Gefühls der Isolation ist jedoch nicht anders als bei dem, der in festen Beziehungsstrukturen lebt. Für beide gilt: Raus aus dem heimischen Käfig, wieder rein in die Gesellschaft, die Finger wieder an irgendwelche Hebel setzen und erneut aktiv teilnehmen am Spiel dieser Welt. Es gibt gar keine andere Lösung! Ansonsten wird das Zuviel an Ruhe und an Stille zur depressiv machenden Folter. Da der Mensch von Natur aus kreativ und schöpferisch ist, kann er nicht nur rasten. Er kann auch nicht nur Zeitung lesen oder sich vom Fernseher berieseln lassen. Er muss etwas tun! Er muss in irgendeiner Form einen Beitrag an der Gesellschaft leisten.

Paarmenschen haben es auch
nicht ganz einfach

Ist der Mann plötzlich den ganzen Tag zu Hause, lernt die Frau ihren Partner, mit dem sie bisher viele Jahre gelebt hat, möglicherweise erst jetzt in seiner Gesamtheit kennen und macht so manche Überraschung durch. Die Art und Weise, wie er bislang mit Kollegen und Mitarbeitern umgegangen ist – wie genau, vielleicht sogar penibel oder auch zielorientiert er agiert hat oder handeln musste, weil da stets ein Zeit- oder Entscheidungsdruck dahinter stand –, das alles hat sie bisher aus seinen Erzählungen gekannt und vielleicht am Wochenende erlebt. Es war aber stets zeitlich überschaubar, bemessen, und ging vorüber. Der nächste Montag kam bestimmt ...

Jetzt auf einmal ist der Mann aber 24 Stunden da, hockt herum oder tigert unruhig hin und her, weiß noch nicht genau, was er tun soll, sucht selbst noch unsicher nach seiner neuen Rolle. In der Firma geschätzte Eigenschaften wie »zielorientiert«, »entscheidungsfreudig«, »klar in der Aussage«, werden nun nicht mehr notwendigerweise als »männlich« empfunden, sondern – da am eigenen Leibe erlebt und dies bei ganz trivialen häuslichen Abläufen des alltäglichen Lebens – als schlichtwegs »autoritär«, als »übergenau« oder als »lästig«. War er früher der »Held«, der »Vorgesetzte«, der es den anderen zeigte und diesen sagte, was zu tun war, war er sogar der »Macher«, der, der seiner Frau und der Familie den »Status« verschaffte, zu dem Mitarbeiter, Freunde und Kollegen respektvoll aufblickten, so ist die Schar dieses sozialen Umfelds schlagartig auf die Familie begrenzt – und diese sieht den Papa oder Ehemann ohnehin viel nüchterner. Vor allem empfindet sie wenig Freude, wenn der Herr auf einmal meint, er müsste nun seine ganze Managementenergie in dieser verkleinerten Runde auslassen und endlich »Dinge in Ordnung bringen«, für die er bisher keine Zeit hatte und weswegen er geflissentlich übersah, ja sogar dankbar war, dass sich seine Frau dessen annahm.

Nein, liebe Männer, so läuft es nicht! Auch ich habe erste Geh-manöver in dieser Richtung versucht, aber schnell wieder die alte Ordnung akzeptiert. Wer sich erheitern und dabei noch etwas lernen möchte, sehe sich dazu den Film *Pappa ante portas* von Loriot an.

Völlig neu und ungewohnt:
den ganzen Tag zu Hause!

Wir Männer sind geschätzt und geliebt – aber nur, solange wir die uns eigene Rolle spielen beziehungsweise bei der Rolle in irgend-einer Form bleiben, die wir auch bisher gespielt haben. Die bisheri-gen Grenzen, die Achtung füreinander, sollten tunlichst beibehalten werden!

Generell ist zu empfehlen, ernsthafte Beziehungskonflikte deut-lich vor dem Ausscheiden aus dem Berufsleben anzuschauen und zu bearbeiten. Durch das engere Beieinandersein werden nämlich mög-liche Differenzen deutlicher. Dazu gehört nicht nur die Lebenspart-nerin, sondern auch – falls vorhanden – Kinder, die noch im Hause wohnen. Von einem Tag auf den anderen ist jemand tagsüber da, der sonst nur abends, am Wochenende oder in den Ferien da war. Das gesamte Gewohnheitsgefüge gerät durcheinander. Diese neue Situa-tion auszusitzen oder so zu tun, als ob sie sich von selbst löst, kann böse Folgen haben! Eine Vorbereitung aller Beteiligten durch Ge-spräche und eine gemeinsame Planung dieses für alle neuen Lebens-abschnittes ist Voraussetzung für ein gutes Gelingen. Dazu gehört, dass derjenige, der seinen Platz in einem bisher festen Job räumt, ziemlich genau weiß, wie er künftig seine Zeit verbringen will. Auch ohne seine Familie – denn die war bislang tagsüber auch nicht da. Ein bisschen Unsicherheit gehört für den Anfang dazu. Bedenken Sie: Ein Tiger, der sein Leben lang im Zoo verbracht hat und der nun auf einmal freigelassen wird, muss auch erst wieder laufen lernen!

Was tun mit der vielen Zeit?

Die ersten Monate meiner neuen Freiheit waren ausgefüllt mit einigen Reisen, mit einem »Sichtreibenlassen« (ohne »Löcher in die Luft zu gucken«), mit einer Gewöhnung an ein Leben ohne Hektik, ohne feste Tagesordnung. Schon nach wenigen Monaten bemerkte ich, dass es mir wie vielen dieser »Frühaufhörer«, die ich kannte, ging: Ich wunderte mich ernsthaft, wie ich jemals Zeit hatte, einer regulären Beschäftigung nachzugehen. Ich staunte selbst, hatte ich doch auf ein »Loch« gewartet, eine Leere, die mir einige Propheten vorausgesagt hatten. Es waren aber diejenigen, die sich selbst nie mehr als maximal drei Wochen Urlaub als Auszeit genommen hatten, dieselben Frager, die nachher kamen und eine Antwort dafür suchten, was ich wohl so den ganzen Tag machte.

Dein Computer:
dein Freund und Feind

Ein wichtiger Freund – und zugleich Feind – wurde mein Computer. Ich kam ja aus der Branche und hätte eigentlich ein großer Guru im Umgang mit dem PC sein können – ich war es aber nicht. Mein hervorragender Kollegenkreis wurde mir zum späteren Verhängnis: eine Sekretärin, die alle Dokumente für mich bearbeitete und mir jahrelang jeden Wunsch von den Augen las, und meisterhafte Systemberater in meinem eigenen Team, die sofort zu Hilfe eilten, wenn mein Rechner tatsächlich einmal stand. Meine Zeit war mir stets zu kostbar gewesen, um in das einzusteigen, was über eine einfache Bedienung hinausging. Und abends hatte ich wenig Lust, auch noch vor dem Computer zu sitzen. Nun war ich aber, von einem Tag auf den anderen, auf mich alleine gestellt, wenn *Windows* wieder einmal aus unerklärlichen Gründen abstürzte, wenn in *Word* auf wundersame, aber nicht nachvollziehbare Weise das Lineal verschwand, wenn ich im Internet den Provider wechseln oder eine neue Suchmaschine einstellen wollte – es gab massenweise plötzlich auftretende Probleme und keiner war da, der mir das Händchen hielt. Die Benutzerführungen waren als »einfach« klassifiziert – für mich jedoch meist unverständlich und langweilig. Ich verstand schlagartig das jahrelange Gejammer meiner ehemaligen Kunden über Benutzerhandbücher und wie man »alles findet, aber selten das, was man braucht«. Nun war ich einer von ihnen und kam mir vor wie ein Schreibtischtäter, den man in der Wüste mit einem dieser schlauen Handbücher wie zum Beispiel »Wie repariere ich meinen VW-Bus« ausgesetzt hatte und der nun ratlos vor seinem Auto stand und sein letztes Hemd für einen Automechaniker gegeben hätte.

Das Schicksal hatte mich von der anderen Seite her eingeholt und es half nichts – außer mich mit meinem kleinen Laptop anzufreunden, indem ich versuchte, ihn wie einen Menschen des anderen Geschlechts zu verstehen und auf ihn einzugehen. Schließlich war und ist er völlig unverzichtbar für meine Schreibarbeiten und die vielen Informationen, die ich für alle möglichen Bereiche – von Finanzen bis zu Presserecherchen – aus dem Internet ziehen kann.

»Vielleicht mache ich auch einfach gar nichts«

So lautete die Antwort von Hans-Olaf Henkel, als er in einem Interview gefragt wurde, was er denn machen werde, wenn er von seinem Amt als BDI-Präsident ausscheide. Natürlich hatte auch er wieder eine Tätigkeit gefunden, die ihm Spaß machte – aber es war und ist für mich ein Zeichen, dass da einer ist, der keine Angst vor einem möglichen Loch hatte und der sich nicht unter Druck setzen ließ. Einer, der warten konnte, was kommen würde, einer, der sich auch innerlich Zeit lassen konnte, weil er gefestigt und unabhängig war.

Auch ich selbst gönnte mir immer wieder, »nichts zu tun« – nichts äußerlich Sichtbares, nichts, was man mit Zeit oder Geld messen konnte. »Ich tue nichts – aber ich denke nach.« Ein Raum, den ich für mich brauche, um in andere Dimensionen wachsen zu können.

Ganz allmählich passt man sich
in ein neues Kostüm ein

So ganz plötzlich und für immer wollte mir der Umgang mit der vielen freien Zeit doch nicht gelingen. Ich musste mich an das andere Tempo erst gewöhnen und auch daran, die vermeintlich leeren Räume zwischen den Begebenheiten mit Ruhe und Interesse zu betrachten. Bisher waren es in meinem Leben die Ereignisse, die mich steuerten und die ich in erster Linie sah, auf einmal waren auch die Zwischenräume sichtbar und wollten genutzt werden. Es war etwa so, wie wenn man ein volles Zimmer betritt. Zunächst sieht man nur die Möbel und die Menschen. Man ist sich der Leerräume dazwischen überhaupt nicht bewusst – aber gerade sie machen die Atmosphäre des Ganzen aus. In dem einen Extremfall handelt es sich um ein Möbel- bzw. Menschenlager, im anderen um einen leeren Raum. Es ist die Leere zwischen den Gegenständen, die den Unterschied ausmacht.

**Das Wertschätzen von »ereignislosen Zeiten«
gelingt immer besser.**

Ich versuchte also auch die ereignislosen Zeiten wahrzunehmen, sie erst einmal zu erkennen, um sie dann sogar schätzen zu lernen. Von Woche zu Woche gelang mir dies besser. Ich musste bei einer Fußgängerampel nicht mehr vor dem ersten Passanten mit meinem Auto vorbeieilen, ich konnte auf einer überfüllten Straße sogar anhalten und einen Wartenden mit einem freundlichen Wink überqueren lassen, ich konnte den Menschen in die Gesichter schauen und sie interessiert betrachten, ich sah ihr Gehetztsein, ihr Leid und ihre Freude – und ich genoss es, einer von ihnen zu sein. Ich war wieder ein Mensch, der auf einmal Zeit hatte, der Mensch sein konnte unter Menschen, der nicht mehr von einem Termin zum anderen rasen

musste, gerade so, als ob man das Leben durch Geschwindigkeit ver-
längern konnte, frei nach dem Motto »Leben Sie schneller, dann sind
sie früher damit fertig!«.

Bisher hatte ich selbst andere Menschen geführt oder wurde geführt. Über mir war immer noch ein anderer und unter mir auch.
Ich war eingebettet in die Organisation einer großen, internationalen Firma, selbst wenn keiner sagte, was zu tun war, so war immer
etwas zu tun, weil alleine die Selbstmechanismen das Räderwerk in
einem ständigen Laufen hielten. Jetzt auf einmal durfte da nur noch
meine »innere Führung« sein, mein »innerer Ruf«, auf den ich nun
nicht nur hören, sondern dem ich sogar noch folgen durfte! Im Prinzip konnte ich nun doch (beinahe) machen, was ich wollte. Aber
wie ungewohnt das noch alles war, zeigte eine Notiz aus meinem
Tagebuch:

»Sich mit sich selbst zu beschäftigen, sich der eigenen, inneren
Führung anzuvertrauen ist gar nicht so einfach. Es ist eine ganz neue
Suche, die man erst mühsam erlernen muss. Ich kann nun zwar
tun und lassen, was ich will – aber ich getraue mich noch nicht. Ich
bin noch unsicher, tappe teilweise sogar im Dunkeln. Ich hinter-
frage auch manchmal den Wert, den ich für diese Gesellschaft noch
habe, wenn ich nicht ständig ein in sich geschlossenes und greifba-
res Werk abliefere. Dabei will ich mich keineswegs schon wieder auf
etwas Neues stürzen, nur um etwas zu tun um des Tuns willen, um
eine neue, nennbare Identität zu haben. Ich spüre vielmehr, wie es
mir gut tut, erst einmal die Batterien aufzuladen und nichts Greif-
bares zu tun! Es ist schwieriger, sich erst einmal als ›Sucher‹ zu be-
wegen, sich auf diesen freien Prozess einzulassen, als gleich wieder
eine neue, genau beschriebene und abgegrenzte Rolle zu übernehmen. Es ist ungewohnt, so zu leben. Aber es lohnt sich, sich auf diese
Zeit des Forschens, des Selbstfindens und der Erkenntnisse einzulassen.«

Heute lese ich Bücher, für die ich bisher keine Zeit hatte, denke
über das Leben nach, mache Notizen in meinem Tagebuch, unter-
nehme ein paar Reisen, gehe mehr in Theater und Konzerte als frü-

her, kann mich meinem Haus und meinem Garten widmen, kann nach Herzenslust malen – oder auch nicht, habe mehr Raum für Freunde, kann spontan sein in dem, wonach mir der Kopf ist. Und ich staune – es wird mir dabei überhaupt nicht langweilig, es fehlt mir kein Kollege, kein Kunde, nicht mein Status, nicht meine Position. Ich kann – und darf – nur noch der Mensch sein, der ich sein will. Mein Ego, so stelle ich mit Erstaunen fest, ist nicht mehr davon abhängig, ob ich ein Geschäft gewinne oder verliere, ob ich der anerkannte Macher oder ein Nichtstuer bin, ob man mich mit Namen begrüßt oder als unbekannten Niemand. Irgendetwas scheine ich nicht mehr zu brauchen, was ich einmal als ganz angenehm empfunden hatte – was sich nun aber als offensichtlich völlig entbehrlich entpuppt. Ich erkenne mit leisem Schmunzeln, wie sich auch alte Werte verändern. Ganz allmählich geht man von hie nach da, man passt sich in ein neues Kostüm ein.

Und noch ein paar Besuche
beim Arbeitsamt

Nach beinahe einem halben Jahr bezahltem Resturlaub, in dem ich offiziell immer noch Angestellter von HP war, wurde es irgendwann Zeit, mich rechtzeitig auf meine nächste Rolle als »Arbeitsloser« vorzubereiten. Im ersten Teil dieses Buchs habe ich bereits meine inneren Widerstände offen gelegt – sie waren weder in meiner Zeit als Langzeiturlauber noch danach, als »Langzeitarbeitsloser« (Beamtenkürzel: »LZA«), besser geworden. Ich kam mir einerseits vor wie ein Versicherungsbetrüger, der sich Geld holte für einen Schaden, den er selbst herbeigeführt hat, und andererseits hatte ich inzwischen innerlich akzeptiert, dass ich diesen ganzen Komplex als Teil unseres staatlich verordneten Spiels sah. Ein System, das sich von mir zum einen Teil schon erheblich viele Steuern, Gebühren und Beiträge für Sozialversicherungen geholt hatte, und das auch Gesetze ziemlich willkürlich veränderte, wie zum Beispiel bei der Besteuerung von Abfindungen oder beim Freibetrag für den Kapitalertrag – und das sich zum anderen selbstgenügend fragwürdige Regeln zugelegt hatte, die es jedoch sinnvoll machten, diese als kleines Rad dieses Getriebes mitzumachen. Also war ich mit einem inneren Kopfschütteln entschlossen, mein Scherflein von der »Bundesanstalt für Arbeit« wieder einzuholen und zusätzlich auch noch die Arbeitslosenstatistik zu verfälschen. Ich fühlte mich keineswegs wohl in dieser Rolle, irgendwie war das Ganze ein Blödsinn und im gewissen Sinne auch noch deprimierend.

Mein rasches Ende als Leiche
in einer großen Kartei

Mit dieser inneren Einstellung trat ich meinen ersten Besuch beim Arbeitsamt an, um mich arbeitslos zu melden. Schon als ich die Menschen in der Eingangshalle mustere, fragte ich mich, wer hier ehrlich auf Arbeitssuche und wer nur wegen der »Stütze« hier war.

Sofort spürte ich, ich war keiner von denen und wollte auch keiner von denen sein – aber nun war ich doch einer von ihnen, weil auch ich die »Stütze« wollte. Vermittelbar würde ich genauso wenig sein wie jeder andere in meinem Alter, auch wenn sich dieses Amt noch so sehr viel Mühe geben würde. »Ein blödes Spiel«, fand ich – und dann fuhr mir durch den Kopf: »Hoffentlich sieht mich keiner hier!« Am liebsten hätte ich mich hinter einer Sonnenbrille und unter einer großen Kopfbedeckung versteckt. Ich kam mir völlig fehl am Platze vor und fragte mich, ob ich im falschen Film gelandet war. War ich aber nicht. Ich musste mich arbeitslos melden, damit ich später auch einen Anspruch auf die »vorgezogene Rente mit 60« hatte. So lange musste ich aber, das will die Spielregel, offiziell »dem Arbeitsmarkt zur Verfügung stehen«. Also zog ich den Kopf ein und fragte an der Information, wo ich hinsollte, um mich arbeitslos zu melden.

Ich landete im »Wartebereich 25« für »Ingenieure, Physiker, Mathematiker und Chemiker«, gleich neben den »Betriebswirten, Volkswirten, Psychologen, Sozialpädagogen«. Ich war erleichtert, als ich auch hier kein bekanntes Gesicht sah. Irgendwie kam ich mir plötzlich als »Loser«, als »Verlierer« vor, obwohl ich genügend lange, ganz ähnlich wie Dagobert Duck, mein Geld gezählt hatte und genau wusste, dass ich schon alleine aus finanziellen Gründen nicht mehr arbeiten musste, wenn ich dies nicht selbst wollte. Hinzu kam, dass sich in jeder Behörde sofort leidige Erinnerungen an Schule einstellten, an Lehrer, denen man ausgeliefert war, an Macht, die man nicht beeinflussen konnte, einen Apparat, den man nicht verändern konnte – und hier roch es auch noch genau wie damals in der Schule nach einem Wachs, das wohl über die Jahrzehnte Generationen von Beamten und Besuchern überlebt hatte und offensichtlich von irgendeiner ominösen Firma geliefert wurde, die genauso lange diesen widerwärtigen Geruch in geheimen Küchen fertigte und dieses infame Rezept wahrscheinlich für alle Ewigkeit weitervererben würde, um Besucher staatlicher Behörden einzuschüchtern. Mir fiel dabei *Das Parfum* von Patrick Süßkind ein, und ich habe seither keinen Zweifel mehr an der Wirkung von bestimmten Düften.

Kurz nach acht Uhr morgens, es war noch nicht viel los, zog ich eine Nummer und wurde zehn Minuten später aufgerufen. Eine sichtlich gelangweilte Sachbearbeiterin nahm meine Daten auf und sagte mir, mit erfahrenem Blick auf mein Geburtsdatum, dass ich mich bei ihr künftig »nur alle drei Monate melden« müsste, dass ich dies aber von nun an auch telefonisch machen könnte. Ich war erleichtert und dankte dem Herrn für die Errungenschaft des Telefons. Vorher musste ich aber noch zu einem Gespräch mit dem »Vermittler« auf dem Flur gegenüber.

Dieser recht freundliche und verständnisvolle Herr stellte sich rasch als ein »Stellenvermittler ohne Stellen« heraus, denn mit lakonischem Hinweis auf meinen Abfindungsvertrag, mein Alter, meine vormalige Position und mein ehemaliges Gehalt sagte er ziemlich rasch und unverblümt: »Wenn Sie wirklich wieder arbeiten wollen, muss ich Ihnen sagen, dass wir hier solche Stellen gar nicht haben. Ich empfehle Ihnen dann die Stellenangebote zu lesen oder sich an Headhunter zu wenden.« Ich wahrte die Form und entgegnete: »Das hab ich mir schon gedacht.« Wir redeten im Plauderton noch ein bisschen über den Arbeitsmarkt für Menschen ab 50 generell, über die tatsächlichen Möglichkeiten der Arbeitsämter, Manager zu vermitteln, und als wir uns schließlich höflich voneinander verabschiedeten, hatte ich das gute Gefühl, er kannte sein Geschäft genau und wusste deshalb, woran er war – und ich genauso. Wir werden uns wohl nie wieder sehen, dachte ich. Was dann auch so war! Von nun an war ich nur noch eine Leiche in seiner großen Kartei.

Offiziell
ein »Arbeitsloser«

Wenig später hatte ich mich in der »Leistungsabteilung« einzu-
finden. Dort ging es nun nicht mehr um die Vermittlung eines ohnehin nicht Vermittelbaren, sondern nur noch um Geld. Entsprechend
lakonisch und routiniert war die Stimmung der Dame, die mich dort
empfing. Sie hatte nur Geld zu verteilen, das ihr ohnehin nicht
gehörte und zu dem sie auch keinen Bezug hatte. Auf diesem trockenen, unpersönlichem Niveau war auch unser Kontakt. Die Be-
arbeiterin schien dauergenervt und ebenso langzeitgelangweilt zu
sein, denn meine paar Fragen beantwortete sie so kurz wie möglich
und in einem Stil, als ob ich ein bisschen bekloppt sei. Ich kam mir
als Bittsteller vor und keineswegs wie ein Versicherungsnehmer, der
eine ihm zumindest rechtlich zustehende Leistung einforderte, weil
er etwa 30 Jahre lang Höchstbeiträge überwiesen hatte. Die gute
Frau genoss offensichtlich ihre kleine Macht – oder war es Ohn-
macht? – und ich ließ ihr das kleine Vergnügen. Wie sagte doch der
eine Meister: »Alles verklingt wie ein Ton im Nichts« – und tatsächlich befand ich mich eine Viertelstunde später im Freien und war
froh, auch dieses Procedere hinter mich gebracht zu haben. Ich
wusste nun jedenfalls genau, wie lange ich Geld überwiesen bekam,
dass dieses Amt in dieser Zeit auch noch meine Beiträge zur Rentenversicherung und zur Krankenkasse überweisen würde und dass ich
meine Arbeit bei HP nicht nur los war, sondern dass ich nun offiziell
ein »Arbeitsloser« war, der im Prinzip die Statistik verfälschte.

Alle drei Monate eine Pflichtübung
und dann ein deutlicher Punkt

Von nun an stehen mir drei Wochen Urlaub im Jahr zu, ich bin verpflichtet, mich »selbst um die Findung einer neuen Stelle zu bemühen«, und muss im lokalen Arbeitsamt »jeweils in Abständen von drei Monaten persönlich, schriftlich oder telefonisch ein Vermittlungsgesuch erneuern«. Und dies bis zum Übergang in die vorgezogene Rente mit 60. Im Klartext heißt dies, dass ich alle drei Monate die gleiche Sachbearbeiterin anrufen muss, um mich zu melden.

Diese vierteljährlichen Pflichtübungen laufen jeweils aufs Haar genau nach demselben Fragenschema ab. Ich rufe an und wünsche einen guten Morgen. Es kommt die Antwort:

»Guten Morgen, Sie wünschen?«

»Ich rufe an wegen der vierteljährlichen Meldung.«

»Ihr Name und Ihre Kundennummer?«

»xy …«

»Hat sich bei Ihnen etwas geändert?«

»Nein.«

»Dann melden Sie sich wieder genau in drei Monaten, am Soundsovielten.«

Sprach's, macht einen Vermerk im Computer und wünscht mir einen guten Tag.

Damit habe ich der verlangten Form Genüge getan. Dies alles wirft bei mir zwar mehrere Fragen auf – aber ich weigere mich, diese hier zu benennen, zumal ich auch keine Antworten und vor allem keine Änderungsmöglichkeiten habe.

Bewerbung ziemlich zwecklos

Dass das Verhalten der Arbeitsämter keine reine Pennerei ist, sondern eher auf breiter Erfahrung beruht, zeigt mir das Beispiel eines ehemaligen Werkleiters, gelernter Diplomingenieur für Maschinenbau, der mir schrieb: »Ich wurde mit 56 zwangsläufig frühpensioniert, da meine Firma in Konkurs ging. Zwei Jahre lang habe ich fast 500 Bewerbungen abgeschickt – ohne Erfolg. Entweder war ich zu alt oder zu teuer oder zu überqualifiziert. Irgendwann habe ich aufgegeben, mir einen neuen Job zu suchen, ich habe mit Hilfe des Arbeitsamtes einige Fortbildungskurse in EDV und CAD-Programmierung gemacht und bin nun als selbständiger Berater tätig. Insgesamt ging dieser Transfer nach einer langen Durststrecke besser als erwartet. Ich bin ganz gut ausgelastet, habe nicht mehr den Stress wie früher als Werkleiter und kann über meine Zeit selbst verfügen. Finanziell bin ich auch zufrieden.« Er ist absolut kein Einzelfall!

Ich persönlich habe meinen »Marktwert« etwa ein Jahr nach meinem Ausstieg auch interessehalber getestet. Ich kannte viele Firmen und ihre Chefs persönlich und konnte meine Gespräche auf inoffizieller Ebene führen. Von Monat zu Monat spürte ich, wie die Distanz wuchs, wo gleich nach meinem Ausscheiden mit Beraterverträgen gelockt wurde, kam die Empfehlung etwa in diesem Jargon: »Mensch, mein lieber Junge, hör doch auf damit. Sei froh dass du da raus bist ...«. Als die Börsen Mitte des Jahres 2000 stufenweise zusammenbrachen, wurde generell eher ausgestellt als eingestellt. Erst recht so in den Jahren 2001 und 2002. So habe auch ich mich immer wieder auf die anderen Seiten des Lebens neu besonnen und weiterhin das getan, was mir wirklich Spaß machte. Und davon gab und gibt es eine ganze Menge!

Eine Konfrontation mit dem Tod
macht mich sehr nachdenklich

Über den Tod und die Endlichkeit des Lebens muss sich jeder von uns irgendwann auseinander setzen, insbesondere dann, wenn ein Mensch oder ein Tier stirbt, mit dem man persönlich näher bekannt und vertraut war. Besonders intensiv ist diese Erfahrung dann, wenn man mit diesem Wesen eng verbunden war und wenn dessen Ableben plötzlich und unerwartet erfolgte und man der Meinung ist, der Tod hätte bei einem selbst noch keinen Platz, er wäre zu früh dran.

Wenn man jung ist, so ist der Tod relativ abstrakt, die eigene Endlichkeit scheint unerreichbar weit entfernt. In der Lebensmitte ändert sich das und führt in der Regel zu größerer Nachdenklichkeit. Im letzten Drittel kann man der eigenen Betroffenheit und vor allem der Frage »Wann trifft es einen selbst?« nicht mehr ausweichen. Man kommt ins Grübeln, wird nachdenklich, hinterfragt den »Sinn des Lebens«, überlegt vielleicht sogar, ob man überhaupt richtig lebt oder gelebt hat.

Um die Jahrtausendwende erlag eine gemeinsame, liebe Freundin Zug um Zug einem längerem Leiden. Meine Frau und ich waren jeder auf seine Art betroffen. Dieser Tod, der so schleichend und somit angemeldet kam, ohne den Effekt der Überraschung, dafür hautnah, war so intensiv, weil wir ihn bis zum letzten Atemzug, den wir miterlebten, begleitet haben. In seiner Unfassbarkeit war er fassbar geworden. Es warf in mir selbst viele Fragen auf, ich wurde noch etwas empfindsamer, verletzlicher, einiges erschien mir plötzlich wichtig, das vorher unwichtig war, und Wichtiges wurde auf einmal relativ in seiner Bedeutung.

Ich war monatelang mit der Verarbeitung beschäftigt. Ein kleiner Urlaub brachte zwar etwas Abstand und neue Impulse, meine tieferen Fragen, die dabei aufgeworfen wurden, blieben aber längere Zeit

nicht beantwortet. Ich wurde schließlich selbst krank – nicht ernsthaft, aber lästig und anhaltend genug, dass ich schließlich mein Heil
in einer Ayurveda-Kur auf Sri Lanka suchte.

Die Frage nach dem Sinn des Lebens und so weiter ...

In der Praxis des behandelnden Arztes, eines älteren, weisen
Sri-Lankers, fand ich ein kleines Büchlein mit dem einprägsamen
Titel *A Simple Guide to Life*, das er mir auf meine Bitte hin gerne über-
ließ. An einem Satz blieb ich hängen: »Life is not a being, an iden-
tity, but a becoming; not a product, but a process.« (»Das Leben ist
nicht ein Wesen, eine Identität, sondern ein Werden; nicht ein Produkt, sondern ein Prozess.«)

Dies war die beinahe notwendige Ergänzung zu einem Kernsatz,
den ich bei Thomas Moore gefunden hatte: »Der Sinn des Lebens ist
die Entwicklung der Seele.« Diese Antwort war schlüssig!

Mit einem buddhistischen Einsiedlermönch, den ich bei meinen
Spaziergängen in einem kleinen Kloster auf einer bizarren Fels-
formation am Meer entdeckt hatte, konnte ich diese Feststellungen
reflektieren. Er führte mich sogar noch ein Stück weiter:

Wenn das Leben keine eigene Identität hatte, dann war auch die
Sache mit dem Ego ziemlich hohl. Dieses Ego, das sich an äußeren
Dingen nährte, wie Status, Anerkennung, Position und Macht. Wenn
es im Leben dagegen um das eigene Werden ging, dann waren da
nicht äußere Werte gemeint, sondern etwas Höheres, etwas Inneres
– nämlich der Kern des eigenen Ich. Das, was man Seele nennt. Zu
deren Entwicklung gehörten die Erfahrung des Leidens ebenso wie
die Zeiten der Unzufriedenheit und der Verzweiflung, genauso wie
die Momente der Zufriedenheit und der Glückseligkeit. Verbunden
war das Ganze mit einem dauernden Antrieb des Geistes, der uns
von einer Befriedigung eines Bedürfnisses zur nächsten trieb. Alles

unterlag aber nicht einer gewissen Selbstbefriedigung, sondern einzig und alleine diesem Werden des eigenen Selbst und nicht einer äußeren aufgesetzten Schale, eines Images, das man meist nur schauspielerte.

Von da aus war die Frage nach dem »Ziel des Lebens« nicht mehr weit! Auch darauf bekam ich eine sehr einfache und damit befriedigende Antwort, die schon Aristoteles in klarer Form beantwortet hatte: »Nicht die Wahrheit ist das Ziel des Lebens, sondern Glück und Zufriedenheit.«

Ja, es ist wirklich nicht die Erreichung von möglichst viel Geld, Macht oder Status, sondern einzig und alleine das Erlangen eines Gefühls, das einem den Zustand von »Glück« gibt, von Ausgeglichenheit, Zufriedenheit, Geborgenheit und Liebe. Dazu gehören so einfache – aber doch so schwierig zu erlangende Dinge wie das Erkennen der eigenen Fähigkeiten und Grenzen, der Mut, das zu tun, was man für richtig hält, und – last but not least – Liebe zu allem Sein.

Geld ist nur ein Werkzeug, aber nichts, was einem an sich selbst Befriedigung geben kann. Es kann das Leben zwar erleichtern und vereinfachen – aber der Wert an sich ist relativ.

Macht, Position und Status sind schön für das Ego – in jedem Fall aber noch schneller vergänglich als das Leben selbst! Was beständig ist, ist jedoch die Seele. Sie ist einem ins Gesicht geschrieben und möglicherweise überlebt sie sogar. Im Gesicht kann man sie sogar lesen; denn bekanntlich ist jeder für sein Aussehen ab einem gewissen Alter selbst verantwortlich. Es ist die Seele, die man darin sehen kann. Das Sein – und nicht das Haben! Es zählt nicht *Wer du bist*, sondern *Wie du bist*.

So blieb für mich – nach dem Sinn und Ziel des Lebens – noch die Frage, was eigentlich sein Inhalt sei. Dazu fand ich nach einigem Nachdenken meine eigene Antwort: Arbeit und Beziehungen. Es war wiederum so einfach: Von Arbeit, von einem Tun war mein ganzes Leben geprägt, es hatte meinen Tagesablauf bestimmt, es hatte mich dahin geführt, wo ich schließlich angekommen war – es war nicht das Nichtstun! Und Menschen, Begegnungen hatten mich durch mein Leben geführt und mir dabei die Hand gehalten, mich gefordert und gefördert; sie hatten meinen Alltag reich gemacht und ihn gefüllt. Alles andere waren letztlich nur Begleiterscheinungen!

Und schließlich fragte ich, ob es eine bestimmte Aufgabe im Leben gab – und wieder erhielt ich eine verblüffend einfache Definition:

»Zu lernen, wer wir sind und warum wir so sind, wie wir sind, dies alleine ist der wichtigste Lebensauftrag!«

Wenn wir wissen, wer wir sind und warum wir so sind, wie wir sind, dann erkennen wir unsere Seele – das, was uns so sein lässt, wie wir sind, die Hintergründe und die Motivationen. Nur wenn wir das wissen, können wir uns selbst betrachten und uns gegebenenfalls verändern. Dies ist wahrlich ein weiter Weg. Einer, der durch das ganze Leben führt.

Ein Teil von mir, für den es vorher vielleicht zu wenig Zeit und Raum gab, ist in den beiden ersten Jahren nach meinem Ausstieg ganz besonders stark geworden: der geistige, spirituelle Bereich, ohne mich dabei auf eine bestimmte Ideologie festzulegen. Die Auseinandersetzung mit etwas »Höherem«, etwas, das nicht so vergänglich ist wie die materielle Welt. Die Konfrontation mit dem Tod hatte da noch etwas zurechtgerückt! Der materiellen Welt hatte ich lange genug gedient. Sie hatte mich wohl ernährt, sie hatte überhaupt den Boden dafür geschaffen, dass ich in der Bedürfnispyramide vom vollen Bauch in etwas höhere Sphären vorstoßen konnte, und – sie hatte mir lange sehr viel Spaß bereitet. Aber sie hatte zu viel Platz in meinem Leben gehabt. Es war gut, dass ich die Gewichte nun endlich verschieben konnte. Und ich möchte sie auch nicht mehr zurückdrehen müssen! Denn die Entwicklung der Seele war und ist schließlich das eigentliche Ziel!

Bleibt schließlich die Frage, was mache ich mit dem Leben, das mir noch verbleibt? Was gehe ich konkret an, wenn ich aus Sri Lanka wieder zu Hause, in Deutschland bin? Hat diese Zeit des Batterietankens, der vielen Ruhe und des Sich-dahintreiben-Lassens ein

Ende gefunden? Brauche ich wieder eine konkrete Aufgabe, ein konkretes »Werk«, das ich fertig stellen und herzeigen möchte? Etwas, das mich neu erfüllt und das ich als Beitrag für diese Gesellschaft sehen kann?

Die Antwort dazu ist ein klares »Ja«! Ich möchte wieder Mitspieler sein und nicht nur Zuschauer. Ich habe weder mein Ego ganz ablegen können noch mein Bedürfnis nach Anerkennung. Ich brauche zwar keine feste Position mehr und auch auf den Nimbus kann ich verzichten. Aber es ist noch genügend in mir, das in seinen ganzen Unzulänglichkeiten und Selbsttäuschungen »menschelt«, das gesehen werden will und das wieder hinauswill in die Welt des Tuns und Schaffens. So fliege ich wieder zurück in die Heimat, nach Deutschland – und weiß genau, wo ich als Nächstes ansetzen werde.

Was mache ich jetzt?

Nach dieser erkenntnisreichen Erholungsreise dauerte es nicht mehr lange, bis ich meine nächsten Ziele definierte. Es war mir innerlich klar, dass ich in meinen alten Beruf keinesfalls mehr zurückwollte – und, weil ich inzwischen zu lange aus der Materie heraus war, auch nicht mehr zurückkonnte. Ich wollte keinen Achtstundentag mehr, ich konnte sehr wohl auf Personal- und Umsatzverantwortung verzichten, ich mochte keinen Druck und auch keinen Stress mehr. Ich wollte schließlich für den Rest meines Lebens nur noch das tun, wozu ich Lust hatte, und so lange, wie es mir Spaß machte – dazu hatte ich mich schon ganz klar bei meinem Ausstieg entschlossen. Es hatte sich daran auch nichts geändert; ich hatte mich inzwischen auch an dieses Leben ohne Terminkalender gewöhnt, ich wollte es nicht mehr aufgeben.

**Wer seinen Arbeitsplatz aufgibt,
für den gibt es keine festen Muster.**

So fing ich nach knapp zwei Jahren an, einigermaßen diszipliniert an diesem Buch zu schreiben. An die drei Stunden am Tag, selten mehr – und nicht ganz so regelmäßig, wie ich ursprünglich vorhatte. Ich hatte die Langsamkeit entdeckt und brauchte nun auch keinen selbst verordneten Stress mehr.

Wie ich an diesem Buch arbeitete, wurde mir nach und nach meine eigene Situation noch einmal klar, die Phasen, die ich durchlebt hatte, die Ängste und Bedenken, die ich dabei durchmachte, was dabei zu beachten war, zu welchen Ratschlägen ich in der Lage sein konnte und welche ich davon weitergeben möchte. Vieles davon habe ich in diesen Seiten verarbeitet und dargestellt.

Je mehr ich darüber schrieb, umso mehr wurde mir dabei deutlich, dass sich alle Firmen und Behörden, die ich kannte und die »Frühpensionierungsprogramme« auflegten oder »Altersteilzeit« anboten, in einem ganz wesentlichen Mangel glichen: Sie boten ihren Mitarbeitern ein »Programm« an, sagten ihnen auch klar, wie viel Geld sie zu erwarten hatten – und das war's dann so ziemlich. Um die so genannten »weichen Faktoren«, das, was in dem Menschen selbst vorgeht, wenn er nach vielen Jahren seinen Arbeitsplatz aufgibt, darum kümmerten sie sich nicht, es gab dafür weder Berater noch feste Muster.

So entstand in mir nach und nach die Idee, mich selbst nicht nur als Buchautor, sondern auch als freiberuflicher Berater für diese Thematik niederzulassen. Im Laufe meiner Industriekarriere hatte ich schließlich auch eine jahrelange Phase gehabt, in der ich selbst Trainings abhielt und leitete, ich war gewohnt, Vorträge zu halten, hatte eine Ahnung von Finanzplanung, war lebenserfahren und hatte letztlich diese Thematik selbst ausreichend durchlebt und erfahren.

Ja, dies ist schließlich aus mir geworden: ein »Frühpensionär«, der wieder ein bisschen Klavier spielt, so viel und so lange er will. Ein Berater, der für die Industrie und Einzelpersonen Workshops anbietet, in denen er potentielle Aussteiger auf ihre Frühpensionierung oder Altersteilzeit und die Phase danach vorbereitet, ihnen hilft, den richtigen Einstieg dafür zu finden. Wer dazu mehr wissen will, findet mich im Internet unter *www.50PlusConsulting.de*.

Und wie es mir gefällt? Großartig! Ich bin wieder ein kleiner Teil der Gesellschaft, die produktiv ist – und bin trotzdem Aussteiger, weil ich über meine Zeit selbst bestimme. Ich bin wieder ein bisschen mit dabei – und doch nur so viel, wie ich es will.

DRITTER TEIL

Was machen die anderen?

Einige Anmerkungen
zum Schluss

Worum es hier geht

Nachdem ich meinen eigenen Weg, von der Entscheidung, ein Frühpensionierungsangebot anzunehmen, bis zur tatsächlichen Erfahrung ausführlich beschrieben habe, ist es vielleicht interessant, einen Blick nach außen zu richten und zu sehen, was andere Menschen in einer ähnlichen Situation machen. Aber auch die generelle Frage nach der Einstellung der Deutschen zum Thema »Älter werden« und »Pensionierung« ist von Interesse.

Außerdem möchte ich einige Beispiele von Menschen wiedergeben, die zeigen, dass ein früher Ausstieg aus dem Berufsleben sehr wohl ein Umstieg, aber auch ein Neubeginn für ein ganz anderes Leben sein kann. Dabei können Inhalte, gepaart mit Ruhe und Gelassenheit, im Vordergrund stehen, weil kein Druck mehr von oben auf einem lastet. Das ideale Setting, um das zu machen, was man selbst wirklich will. Bei meinen Befragungen habe ich mich nicht nur im Inland umgesehen, sondern auch im Süden Europas, unter anderem in Italien, auf Mallorca, auf den Kanaren, dort, wo es immer mehr Nordeuropäer hinzieht, um dem hiesigen Wetter zu entgehen.

Schließlich möchte ich noch einige Adressen sowie ein paar brauchbare Anmerkungen weitergeben, die als Wegweiser und zur Anregung für neue Aufgaben dienen mögen.

»Jeder Fünfte fürchtet sich vor dem Rentenalter« – hat aber Visionen

Zunächst nehme ich einen Artikel aus der *Süddeutschen Zeitung* vom 9. Juli 2001 (»Jeder Fünfte fürchtet sich vor dem Rentenalter«) zum Anlass, einige Fakten und diesbezügliche Kommentare weiterzugeben, um zu zeigen, wie das Thema in der breiteren Öffentlichkeit gesehen wird.

Diesem Beitrag aus der *SZ* liegt eine Studie zugrunde, die von der NFO-Infratest-Finanzforschung im Auftrag der Allianz Lebensversicherungs-AG erstellt wurde. Die einleitende Fragestellung lautet: *»Was denken die Deutschen über ihr Leben im Alter? Welche Erwartungen, Hoffnungen und Ängste verbinden sie damit?«*

Aus dem Bericht geht hervor, dass die Mehrheit der Deutschen den späteren Lebensabschnitt voller Zuversicht erwartet, auch wenn sich nur jeder Fünfte gern mit dem Thema »Leben im Alter« beschäftigt. Dabei wurden 1 000 Mitbürger im Alter zwischen 18 und 60 Jahren in standardisierten Telefoninterviews befragt, ergänzt durch 30 individuelle Interviews. Laut Statistiker ein repräsentativer Querschnitt. Ich war gespannt, was meine deutschen Mitmenschen bezüglich ihrer unausweichlichen Verrentung plagt, was für sie wichtig ist und welche Vorstellungen sie davon haben, womit sie sich im Alter beschäftigen wollen.

Bezüglich der Einstellung zum Alter ist es wohl augenscheinlich, dass ein Mensch mit 18, den man befragt, eine andere Meinung hat als einer Ende 40. Der eine beginnt gerade mit dem Aufbau, der andere stellt sich dagegen die Frage: »War das alles?«, und hat vielleicht bereits festgestellt, dass die Jahre immer schneller vergehen. Damit ist auch der Bezug zu dieser Thematik ein anderer. Je mehr man sich selbst dem Rentenalter nähert, umso optimistischer müssen die Zukunftserwartungen zwangsläufig werden und auch die damit verbunden Visionen – es sei denn, man hat bereits abgeschlossen und sich selbst aufgegeben.

Gemischte Gefühle bei der Vorstellung, alt zu sein.

Mit einer gewissen Genugtuung ist zu erfahren: »Die Gefühle für das Leben mit 66 Jahren und darüber hinaus sind überwiegend positiv: 69 Prozent sind optimistisch, nur 23 pessimistisch.« 45 Prozent der Befragten »freuen sich ausdrücklich, das Arbeitsleben endlich beenden zu können, 39 Prozent planen sogar, vorzeitig aus dem Berufsleben auszusteigen«. Dagegen steht jedoch die große Angst: »Immerhin jeder Fünfte fürchtet, nach dem Berufsleben zum alten Eisen zu gehören.«

Der Einwand, den man gegen diese Befragung haben kann: Die meisten Deutschen gehen vor 65 in Rente. In der Zeitschrift *Capital* vom 30.11.2000 war zu lesen: »Wie viele Menschen zwischen 55 und 64 tatsächlich noch arbeiten, will niemand so genau wissen. Der Mikrozensus des Statistischen Bundesamtes erfasst zwar den Anteil der Erwerbstätigen (gerade mal 38 Prozent!) – doch dabei werden auch Altersteilzeitler mitgezählt, die in Wirklichkeit längst zu Hause auf dem Sofa liegen.«

Anders ausgedrückt: Mindestens 62 Prozent der Deutschen im Alter zwischen 55 und 64 arbeiten nicht mehr!

Wie viele »Altersteilzeitler« es inzwischen gibt, ist in diesem besagten Artikel zwar nicht genau zu erfahren, aber er gibt andere aufschlussreiche Zahlen wieder: Demnach waren »unter den 540 000 Männern« (die Zahl der Frauen blieb ungenannt), die im Jahr 1999 in Rente gingen, »173 000, also fast ein Drittel, Frührentner aufgrund von Arbeitslosigkeit«. In diesem Zusammenhang ist auch die Zahl, wie viele Deutsche pro Jahr überhaupt in Rente gehen, interessant. Laut *Capital* vom 27.6.2002 wird für das Jahr 2002 mit 1,4 Millionen Neurentnern gerechnet. Bei insgesamt etwa 80 Millionen Deutschen eine nicht unerhebliche Summe, die finanziert werden muss!

»Auf bis zu 770 000 schätzt das Nürnberger Institut für Arbeitsmarkt- und Berufsforschung (IAB) die potenzielle Zahl derjenigen Arbeitnehmer, die bei einer Rente mit 60 bis 2005 zusätzlich vorzeitig in Ruhestand gehen würden«, wettert genervt das Wirtschaftsmagazin *Capital* zum Thema »Altersteilzeit«. Und weiter: »Das gesetzliche Rentenalter von 65 ist ohnehin längst Makulatur. Im Durchschnitt erhalten die Deutschen heute schon mit 60 Rente. Tatsächlich hören sie sogar noch früher auf zu arbeiten: Viele Mitt- und Endfünfziger werden (...) zunächst von Abfindungen und Arbeitslosengeld aufgefangen, ehe sie ihr vorgezogenes Altersruhegeld beziehen.« Demnach erreichen Beamte »selten das vorgesehene Pensionsalter. Mit 56 ist im Durchschnitt Schluss, bei Postbeamten, von denen zwei Drittel wegen Dienstunfähigkeit vorzeitig gehen, bereits mit 52«, und Düsenjetpiloten der Bundeswehr »bekommen sogar schon mit 41 offiziell ihre Pension«. Anzumerken ist dazu, dass diese Pensionen bei diesem Alter auch erheblich reduziert sind.

Eine arg gebeutelte Berufsgruppe scheinen auch die Lehrer zu sein. Dazu fällt mir ein Beitrag der *Nürnberger Nachrichten* vom 28.4.2001 in die Hände, der besagt, dass inzwischen 83 Prozent der bayerischen Pädagogen aus »gesundheitlichen Gründen vorzeitig aufs Altenteil geschickt« werden, im Durchschnitt mit 54 Jahren. Dabei sind sie geplagt von »Schlaflosigkeit, Depressionen, Schweißausbrüchen, Leistungsabfall sowie ausgeprägtem Schmerzempfinden«. Es bleibt zu hoffen, dass auch diese wahrhaftig leidgeplagte Berufsgruppe es schafft, nach dem wohlverdienten vorzeitigen Ruhestand aus der Depression auszusteigen und auf »Lust und Freude« umzustellen!

Auch in der Industrie sieht es nicht viel anders aus, ebenso im Handwerk. Der Trend zum Aufhören deutlich vor 65 zieht sich durch alle Gesellschaftsschichten. Viele sind häufig tatsächlich »fertig« und diejenigen, die es sich leisten können, haben inzwischen auch das »Leben« entdeckt. Frei nach dem Motto »Außer Arbeit ist da auch noch etwas anderes«.

Im europäischen Vergleich liegen die Deutschen auch einigermaßen im Trend: Laut Eurostat arbeiten in der gesamten EU 63 Prozent der 55- bis 65-Jährigen nicht mehr. In Deutschland sind alleine in der Altersgruppe der 55- bis 59-Jährigen genau 45 Prozent nicht mehr beschäftigt. Sie »sitzen auf dem Sofa« oder genießen das Leben anderweitig.

Hoffentlich erleichtern diese Zahlen Ihr Gewissen, falls Ihnen der Gedanke ans vorzeitige Aussteigen immer noch ein »unsoziales« Gefühl vermittelt!

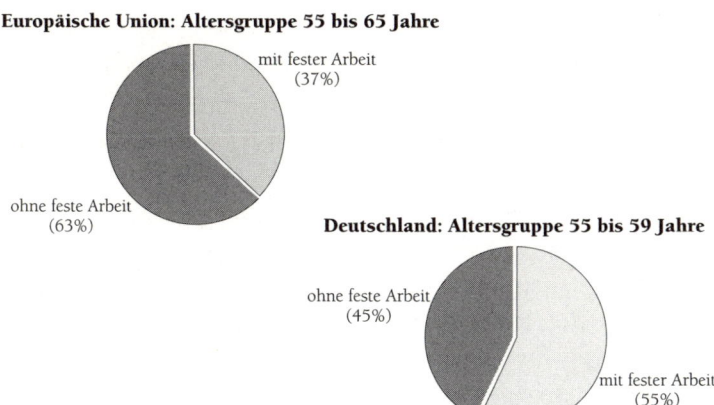

Europäische Union: Altersgruppe 55 bis 65 Jahre

mit fester Arbeit
(37%)

ohne feste Arbeit
(63%)

Deutschland: Altersgruppe 55 bis 59 Jahre

ohne feste Arbeit
(45%)

mit fester Arbeit
(55%)

Die Vorstellung vom »Leben im Alter«
und die verschiedenen Typen
von Pensionären

»Drei Aspekte dominieren die Vorstellung vom Leben im Alter«, schreibt die *SZ:* »Erstens die Hoffnung auf *Gesundheit,* um die nach der Erwerbstätigkeit gewonnene *Freizeit* – die nicht selten als Freiheit beschrieben wird – genießen zu können, zweitens die Möglichkeit, reisen und aktiv sein zu können, und drittens die *finanzielle Absicherung.*«

Dem kann man eigentlich wenig hinzufügen, es sind grundsätzliche Wünsche und Vorstellungen, die wohl jeder hat.

Ein Anteil von 16 Prozent der Befragten kann sich sogar vorstellen, einen neuen Beruf zu erlernen oder gar ein Studium aufzunehmen. »Körperliche und geistige Fitness (88 Prozent), Lernbereitschaft (80 Prozent) und ein attraktives Erscheinungsbild (78 Prozent) werden von fast allen angestrebt.«

Was überhaupt nicht erstaunt, ist die Aussage »Große Bedeutung (76 Prozent) wird den familiären Kontakten im Alter beigemessen, aber auch generell den sozialen Kontakten«.

Aus vielfältigen Beobachtungen kann ich hinzufügen: Ernsthafte Beziehungskrisen sind nach der Pensionierung doppelt schmerzhaft. Das Alleinsein kann in eine deprimierende Einsamkeit münden, ein Single-Dasein, das in einer anderen Lebensphase noch seine Reize haben mochte, bekommt rasch einen faden, tristen Geschmack. Sich für ganz neue Kontakte zu öffnen ist im Alter schwieriger als in der Jugend und auch die »verfügbare Auswahl« ist eine andere. Es lohnt sich auf alle Fälle, ganz genau hinzuschauen, was in einer bestehenden Beziehung an Gutem vorhanden und eventuell zu reparieren ist, bevor man sie fahrlässig auf den Müll der späteren Erinnerungen wirft!

Soziale Kontakte, namentlich Freundschaften, wachsen ebenso wie Partnerschaften nicht über Nacht, sondern über viele Jahre. Dazu gehören gemeinsam Erlebtes und gleiche Interessen ebenso wie erfolgreich ausgetragene Konflikte und ein Vertrauen, das sich nur über die Summe einer langen Zeit entwickeln kann. Dies ist häufig das Problem Nummer eins von Pensionären, die den Wohnsitz von heute auf morgen in ein Domizil im heiß gelobten Süden verlegen. Einsam und alleine mit einer riesigen Satellitenschüssel auf dem Dach. Der beste Freund, der Fernseher, der größte Feind, die Einsamkeit, und eine fremde Sprache, gesprochen von Fremden. Auf einmal ist man »Ausländer«.

Was mich persönlich für meine ehemaligen Kollegen aus der Computerbranche freut, ist die Tatsache, dass sich die späteren Ruheständler »ausgesprochen aufgeschlossen« gegenüber technischen Entwicklungen zeigen: »Für gut die Hälfte (52 Prozent) ist aus heutiger Sicht ein Leben im Alter ohne Computer und Internet nicht mehr vorstellbar.«

Wir Deutsche sind demnach für technische Entwicklungen doch weitaus offener, als gelegentlich behauptet wird! Wer aber immer noch der Meinung ist, dass Computer und Internet nur etwas für die Jüngeren sind, »weil der Umgang damit so schwierig ist«, der verbaut sich in der Tat eine Menge an lohnender und zeitfüllender Beschäftigung, verschenkt auch ein Füllhorn an Informationen und ein ideales Medium, sein Gehirn zu trainieren!

»39 Prozent wollen im Alter nicht nur ihre bisherigen Hobbys fortführen, sondern sich auch neue suchen. Den Besuch von Volkshochschulkursen können sich 39 Prozent vorstellen. Dagegen spielt politisches Engagement nur für 16 Prozent eine Rolle«, sagt die Studie.

Endlich hat man also Zeit für andere Interessen und kann diese auch noch nutzen und vertiefen. Das fehlende »politische Engagement« ist leider einerseits verständlich, andererseits aber auch schade, denn namentlich die so genannten »Ruheständler« hätten die Erfahrung und die Zeit, bei gewissen Dingen für eine notwendige und insbesondere positive Unruhe zu sorgen!

Infratest hat in der besagten Studie die fünf potentiellen Pensionärstypen beschrieben:

Fünf potentielle Pensionärstypen wurden ermittelt.

1. »Den *Typ des Erleichterten*, der mit dem Leben im Alter eine Befreiung von den Zwängen der Arbeit verbindet. Er möchte später beruflich noch am wenigsten gebraucht werden und kann sich am ehesten vorstellen, frühzeitig aus dem Arbeitsleben auszuscheiden. Dieser Typ gehört meist mittleren Einkommensschichten an.«
   Er ist der am häufigsten vertretene Typus mit 26 Prozentpunkten. Ohne jede Wertung kann man dazu anmerken, dass diese Gruppe am ehesten ihren Job loslassen will und kann, und diese in hohem Maße andere Interessen hat als den jahrzehntelang ausgeführten Berufsalltag.

2. »Der *Arbeitsorientierte*, der sich in hohem Maße über seinen Arbeitsstatus definiert. Er befürwortet lebenslanges Lernen und freut sich, neue Dinge ausprobieren zu können. Er möchte im Alter beruflich noch gebraucht werden.«
22 Prozent reihen sich in dieser Kategorie ein. Es sind meist Menschen, die bereits beim Ausscheiden den Beratervertrag in der Tasche haben, in Aufsichtsräten sitzen oder sich, eventuell nach einer Zeit des »Batterieaufladens«, eine neue berufliche Herausforderung suchen.

3. »Der *Müßiggänger*, der später einmal die Füße hochlegen möchte. Er schätzt weder das Erlernen neuer Dinge noch Hobbys oder Sporttreiben und sucht auch keine neuen Kontakte. Mit technischen Neuerungen möchte er sich nicht auseinander setzen. Er steht dem Konsum eher distanziert gegenüber und ist sehr zurückhaltend beim Geldausgeben.«
Er kommt mit einer Häufigkeit von ebenso 22 Prozent vor und ist offensichtlich der Typ Mensch, für den das Wort »Langeweile« kein Fremdwort ist, weil es den Normalfall darstellt. Wahrscheinlich ist er auch derjenige – falls er ein Mann ist –, vor dessen Pensionierung die Familie, namentlich die Frau, Horror hat.

4. »Der *Typ des Engagierten* bringt es auf 16 Prozent Anteil. Er ist der Prototyp des aktiven Menschen mit vielfältigen Interessen. Er würde auch Ehrenämter übernehmen.«
Davon gibt es wohl zu wenige!

5. »Der *Familienmensch*, der später sein Leben sehr stark auf die Familie ausrichten will«, landet mit 14 Prozentpunkten an letzter Stelle. »Er bringt seinen späteren Lebensabschnitt am ehesten mit ›alt sein‹ in Verbindung.«
Schade um diesen Menschen! Die Familie ist zwar wertvoll und in keiner Weise als Inhalt zu unterschätzen, aber sie darf nicht Ersatz für das eigene Leben und die eigenen Interessen werden.

Auch dieser es sicherlich gut meinende Mensch kann leicht zur Belastung für die Seinen werden, wenn er sonst nichts mit sich anzufangen weiß!

Es bleibt zu hoffen, verehrter Leser, dass Sie nun wissen, welcher Typ Sie sind und wie Sie mit Ihrer neuen Situation umgehen werden. Wenn nicht, dann werden Sie sicherlich noch einige Anregungen finden, wenn Sie nun weiterlesen.

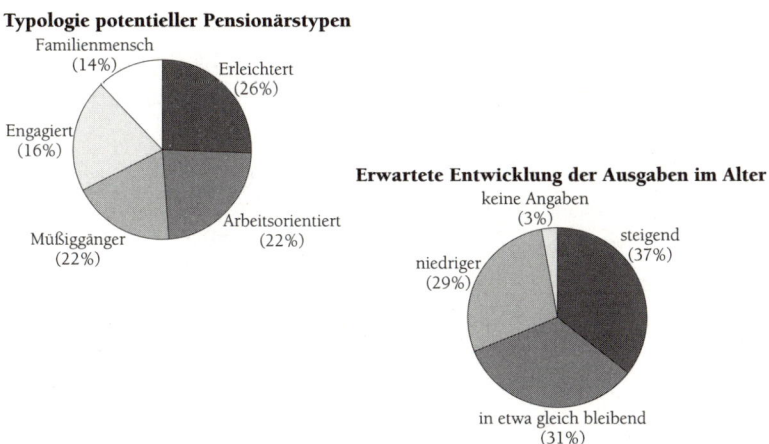

Typologie potentieller Pensionärstypen

Erwartete Entwicklung der Ausgaben im Alter

Zum *Lebensstandard* und zur finanziellen Sicherheit haben verständlicherweise alle Typen den gleichartigen Wunsch: »Das Leben auf dem gleichen Standard zu halten wie bisher. 37 Prozent glauben, dass die Ausgaben im Alter noch steigen, 31 Prozent, dass sie in etwa gleich bleiben werden. 29 Prozent gehen davon aus, dass sie im Alter geringere Ausgaben im Vergleich zu heute haben werden.«

Dieser Anspruch ist wohl genauso individuell wie die entsprechenden finanziellen Möglichkeiten eines jeden Einzelnen. Wer Geld hat und wer weiß, wie man es ausgibt, wird dies wohl tun oder es ansonsten vererben. Wer keines oder weniger hat, wird den Gürtel enger schnallen müssen. So ist das Leben. Ungerecht und viel zu kurz!

Was machen die anderen?

Auf der Suche nach »den anderen« habe ich mich in meinem breiten Bekanntenkreis umgesehen und ich suchte sie über Inserate in verschiedenen Zeitungen im In- und Ausland. Schließlich habe ich mich persönlich auf verschiedenen Reisen bei den im Süden lebenden Deutschen umgesehen und Gespräche geführt, weil es immer noch mein eigener Traum ist, zumindest zu einem Teil der nasskalten Jahreszeiten in diese Breitengrade zu entfliehen.

Dabei gebe ich die ganz normalen, die »erreichbaren« Beispiele wieder und nicht die »spektakulären«, die mit dem Glimmer drum herum, denn die sind eher zum Träumen da und schwerlich zum Selbsterleben. Für jedermann machbar und nachvollziehbar sollen sie sein, die Fälle von »Aussteigern« oder »Umsteigern«, von denen ich im Folgenden berichte. Sie sollen denn auch eher zum Nachmachen verlocken, als Anregung dienen, und nicht zu einem Blick in eine schwerlich greifbare Zukunft verleiten. Die Namen der Beteiligten habe ich in den meisten Fällen aus Gründen des Persönlichkeitsschutzes verändert.

Generell lässt sich sagen, es wird viel gereist. Das müssen keine großen Reisen sein, häufig sind es Städte- oder Wanderreisen im Nahbereich. Man sieht sich an, wofür man bisher keine Zeit hatte. Das Ziel kann in fünfzig Kilometern Entfernung liegen – oder auch in fünftausend.

Wer ein Haus mit Garten hat, entdeckt nicht selten seine Talente als Heimwerker – und baut kräftig um. Bei nicht wenigen dieser Kategorie wird ein Gartenhäuschen oder die Garage in eine bestens ausgerüstete Werkstätte umgebaut und wenn im eigenen Bereich nichts mehr zu tun ist, entdeckt man die Nachbarschaftshilfe.

Mehr als 50 Prozent der von mir Befragten arbeiten aktiv mit dem Computer oder sind zumindest dabei, sich einzuarbeiten. Es scheint beinahe so, als ob die so genannten »couch potatoes«, die, die ihre Zeit hauptsächlich vorm Fernseher und in Langeweile verbringen, eine aussterbende Spezies sind. Zumindest in der Kategorie Mitte 50 bis Mitte 60.

Zusätzlich betreiben die meisten irgendeine Art von Sport: Alles, von Joggen über Tennis bis zu Golf, kommt dabei vor, nicht zu vergessen verschiedene Arten von Tanz. Man lebt offenbar aktiv und gesund und hat keinen Mangel an Interessen.

Ein Gefühl von Langeweile kommt zwar manchmal durch, aber weniger als Bedrohung denn als ein ungewohntes Etwas, weil man nicht gewohnt ist, auf einmal so viel freie Zeit zu haben und diese auch noch selbst strukturieren zu müssen. Das Gros der Befragten gibt an, nach einer gewissen Zeit der Umgewöhnung – diese kann mehrere Monate dauern – froh zu sein, rechtzeitig den Schritt in ein neues Leben getan zu haben. Selten trauert man dem alten Job nach. Viele sind »erleichtert«, fühlen sich »frei«.

Dennoch – die Umgewöhnung in diese völlig andere Lebensphase ist nicht zu unterschätzen! Immer wieder ist zu hören, dass bei aller Freiheit »die Anerkennung fehlt«, dass man sich »nutzlos« oder »nicht mehr gebraucht« fühlt. Die freiwillige oder unfreiwillige Aufgabe des Arbeitsplatzes, besonders wenn er einigermaßen interessant und ausfüllend war, ist in jedem Fall ein Verlust – auch wenn dieser früher oder spätestens mit 65 kommt. Je früher der Ausstieg, so der Tenor bei den Befragten, umso leichter und umso kürzer die Umgewöhnungsphase – möglicherweise verbunden mit einer inneren Flexibilität, sich noch einmal auf neue Themen einzulassen beziehungsweise Neues zu finden.

Beratertätigkeiten in einem beruflich gleichen oder ähnlichen Gebiet sind eher die Ausnahme (vielleicht auch aus Mangel an Angebot und Möglichkeiten), Aufsichtsratsmandate oder dergleichen sind eher dem ehemaligen höheren Management und Politikern vorbehalten.

Nicht ganz selten dagegen sind Engagements in der Lokalpolitik oder bei Wohlfahrtsverbänden als freiwillige Helfer. Offensichtlich steht dabei die »Suche nach einem sinnvollen Inhalt« im Vordergrund.

Um den Geist mobil zu halten, lernen manche eine neue Sprache oder vertiefen vorhandene Kenntnisse. Ein Studium, als Gasthörer oder Vollzeit an einer Hochschule packen relativ wenige an. Meist will man sich nicht mehr in eine zu feste Struktur einbinden oder man kommt sich schlicht und einfach unter zu vielen jungen Studenten als »Oldie« vor. Dennoch bieten viele Universitäten spezielle Programme für Senioren an.

Einen »ganz neuen Beruf lernen« will so gut wie keiner. Ich habe nur von einem früh pensionierten Offizier der Bundeswehr aus Hamburg gehört, der noch »unbedingt mit den Händen arbeiten« wollte, eine Schreinerlehre und auch die Gesellenprüfung absolvierte und nun zwei Tage die Woche in seinem völlig neuen Umfeld arbeitet.

Sehr gefragt sind »kreative Hobbys« wie Malen, Töpfern, Skulpturen meißeln etc. Nicht wenige dieser Freizeitkünstler entdecken dabei ungeahnte Fähigkeiten und erleben »eine völlig neue Art von Glück«. Offensichtlich sind dabei Frauen deutlich aktiver und stärker vertreten als Männer, was schade ist. Vielleicht haben wir Männer mehr Angst vor der »Blamage«, wenn wir nicht sofort der »Könner« zu sein vermögen? Eine gute Übung, diese Angst zu überwinden und sich zu trauen, einmal nicht der Macher sein zu müssen.

Ein nicht unerheblicher Teil der Menschen nach 50 befasst sich mit »Ahnenforschung«, mit der Suche nach den eigenen Wurzeln. Man will wissen, wo man herkommt, wer die Vorfahren sind, wer man ist. In nicht wenigen Fällen geht diese Suche nach dem eigenen Ich weiter in die Tiefe; sie führt zu Therapiegruppen und zu Einzelberatungen. Außer der Frage »Wer bin ich?«, will man häufig wissen: »Warum bin ich so, wie ich bin?«.

Bereits diese kleine Aufzählung zeigt die Vielfalt an Möglichkeiten. »Packen wir es an!« – und betrachten wir einige Beispiele genauer.

Erst die Zahlen, jetzt die Menschen

Sein Leben lang hatte sich Heinz Paulsen um Zahlen gekümmert, hatte für deutsche Konzerne Jahresabschlüsse geprüft, Zahlen rauf und runter gerechnet, verglichen, interpretiert und daraus Schlüsse gezogen, Gewinnerwartungen oder auch Verluste prognostiziert. Seine Karriere hatte ihn auch in die USA und nach Südafrika gebracht, mit 58 schied er schließlich aus, wollte sich fortan »nicht mehr um Zahlen, sondern um Menschen kümmern«. Zunächst fühlte er sich »so frei wie noch nie«, dann wurden die Tage jedoch länger und zäher, er suchte nach neuen Aufgaben, die neuen Sinn in sein Leben brachten. So kam er als Freiwilliger zum Arbeiter-Samariter-Bund (ASB) und wurde, beinahe schneller, als er schauen konnte, zum »Projektleiter Kosovo«.

»Erst die Zahlen, jetzt die Menschen – das ist das Kontrastprogramm, das ich gewollt habe«, erzählt Paulsen, und dass er »voll ausgefüllt« ist, »sowohl zeitlich als auch innerlich«. Zehnmal ist er bereits mit Hilfsgütern ins Kosovo gereist, »erst zu den Albanern, doch dort standen sich die Hilfsorganisationen bald schon gegenseitig auf den Füßen«. So brachte er den bisher letzten Transportkonvoi in den serbischen Teil der Stadt Mitrovica. Wie oft er dabei schon an den waffenstarrenden Checkpoints der Kfor vorbeigefahren ist, sich mit dem Zoll herumgeschlagen hat, von Beamten schikaniert wurde – das weiß er nicht mehr so genau, ist ihm auch beinahe schon egal, »es geht darum, den Menschen zu helfen und meinem Leben neue Inhalte zu geben, an die ich glauben kann und die mir persönlich Spaß machen«, sagt er.

Wenn er mal keinen Transport für den ASB vorbereitet oder durchführt, genießt er die freie Zeit oder geht mit seiner Frau ein paar Wochen wandern. Im letzten Sommer war er vier Wochen auf dem klassischen Weg über die Alpen von Bayern nach Venedig unterwegs.

Ein erfülltes Paar

Dass die Pensionierung des Mannes auch erhebliche positive Auswirkungen auf die Ehefrau haben kann, zeigt folgendes Beispiel:

Hartmut Nieberg, einst ein Kollege von mir, war schon immer die
Art von Techniker, der nicht nur wusste, wie man mit Computern
und elektronischen Messgeräten umgeht, sondern er konnte auch
ganze Wintergärten und sogar Häuser selbst bauen.

Als er vor ein paar Jahren in Pension ging, wurden zeitgleich auch
die beiden Kinder flügge und verließen kurz nacheinander das gemeinsame Haus. Für seine Frau Irmgard taten sich dadurch erhebliche Freiräume auf. Auf einmal hatte auch sie Zeit, ohne offiziell
selbst in eine Pensionierung zu gehen. Irgendwann nahm sie spielerisch einen Ytong-Baustein in die Hände und fing an, daraus einen
Kopf zu kratzen. Als einfache Arbeitsmittel dienten zunächst ein
paar Schraubenzieher, eine Feile und ein paar Bögen Schleifpapier.
Was entstand, versetzte nicht nur sie in Erstaunen, sondern erst die
Familie, dann die Nachbarn und die Freunde. Ohne sogleich an ihr
Talent zu glauben, hatte sie es unmittelbar entdeckt und kam nicht
mehr davon los. Ihre »innere Berufung« hatte mehr als 50 Jahre in
ihr geruht und geduldig gewartet, auf einmal durfte sie heraus, war
mit einem einzigen Schlag an der Oberfläche und konnte von da an
auch nie mehr zurück.

Es folgten Versuche mit fränkischen Sandsteinen, die Blöcke wurden größer und größer, es kam eine erste kleine Ausstellung in
einem Weihnachtsmarkt, die lokale Presse wurde aufmerksam, man
schrieb über sie einen ersten Artikel, es folgten weitere Ausstellun-
gen und dies alles, sage und schreibe, nur innerhalb eines einzigen
Jahres!

Auch Hartmut freute sich an den Erfolgen seiner Frau und sah
ein, dass die neue Arbeit seiner Frau ein eigenes Zuhause brauchte.
Was bisher in der Garage stattfand, brauchte ein entsprechendes Atelier. So goss er erst ein Fundament aus Beton auf seinem Grundstück
und nach und nach, über ein Frühjahr und einen Sommer hinweg,

wurde daraus nicht nur ein Atelier für seine von der Hausfrau zur Künstlerin gewandelten Gattin, sondern auch noch eine Schreiner-werkstätte für ihn selbst. Denn Hartmut hatte inzwischen alte Pläne seines Künstleropas ausgepackt und seine Liebe zu dessen alten Stühlen entdeckt. Von nun an baute Hartmut handgemachte Lehn-stühle und seine Frau meißelte Figuren aus Stein.

Ich habe selten so ein erfülltes Paar gesehen!

Vom Leiter der Aus- und Fortbildung
zum Blumenfotograf

Dr. Ing. Hans Braun war in seiner letzten Funktion einer langen In-dustriekarriere Leiter der Aus- und Fortbildung bei einem großen Konzern der Energieversorgung, hatte neben seinem Beruf aber stets drei große Lieben: Die erste galt seiner Frau, die zweite seinem Gar-ten mit vielen Rosen und Tulpen, die dritte der Fotografie. Von Na-tur aus war er ein gesprächiger Mensch, der den Kontakt zu anderen suchte. Im ersten Herbst seiner Pensionierung begab er sich auf eine Gartenmesse auf der Suche nach Tulpen- und Rosenarten, die er noch nicht sein Eigen nannte. An einem der Stände ergab sich ein nettes Gespräch mit dem Inhaber eines holländischen Blumen-versenders, in das Hans Braun auch seine profunden Kenntnisse in der Nahaufnahme von Gewächsen einbrachte. Die beiden Herren fanden sich spontan sympathisch, und so bot Hans Braun an, dem Geschäftsmann einige seiner Blumenfotos zu schicken, die dieser für seinen Katalog verwenden könnte.

Aus einem ersten Gespräch ergaben sich weitere, es stellte sich heraus, dass Hans Braun mindestens so gute Aufnahmen machte wie der bisherige Fotograf und dabei einen weitaus besseren Preis bieten konnte. Im ersten Jahr wurde ihm ein Teil der Gestaltung des Pro-spekts übertragen, schließlich – zwei Jahre später – das gesamte Projekt.

Hans Braun musste sich fortan weder um neue Tulpen noch um Rosen kümmern. Ganz im Gegenteil – der Garten wurde beinahe zu klein und irgendwann wurden sogar noch die Nachbarn mit Setzlingen aus Holland versorgt. Bleibt die Frage, was macht er im Winter? Ganz einfach: Da reisen er und seine Frau in den Süden, wo die Blumen blühen.

Gabriele nimmt das Segel in die eigene Hand

Als vor etwa 30 Jahren die Sache mit dem Windsurfen aufkam, war Gabriele Winzer sofort Feuer und Flamme und verbrachte mehrere Sommer mit ihrem Brett und ihrem damaligen Mann an verschiedenen bayrischen Seen und am Mittelmeer. Dann kamen Kinder, erst ein Mädchen, dann ein Junge. Ihr Beruf, Augenoptikermeisterin, und auch der Spaß beim Surfen kamen zu kurz. Zehn Jahre später ging ihre erste Ehe in die Brüche.

Für die allein erziehende Mutter, die sie von nun an war, standen wieder andere Sachen an. Wellenreiten und das Segel nach dem Wind ausrichten waren weniger wichtig, als den Beruf neu aufzugreifen, das eigene Leben wieder voll in die Hand zu nehmen und dabei noch zu sehen, dass die Kinder nicht zu kurz kamen. All das hat sie gemeistert und vier Jahre später, sie war gerade Mitte 40, lernte sie ihren zweiten Mann kennen, einen begeisterten Segler mit einer eigenen kleinen Jolle und einem Anlegeplatz am Starnberger See. Beruflich ging es gut, sie hatte sich erst mit 43 selbständig gemacht, und die zweite Ehe klappte wie so häufig besser als die erste. Auf die Segelleidenschaft ihres neuen Partners, die auch ins Mittelmeer führte, konnte sie sich dank ihrer Surfervorgeschichte gut einlassen, sie hatte nur einen leichten Haken: Bei aller Liebe fühlte sie sich immer irgendwo als »Hiwi« ihres Mannes, denn für die Erlangung der zum selbständigen Segeln notwendigen Scheine hatte sie nicht die erforderliche Zeit. Das eigene Geschäft, längere Laden-schlusszeiten und dabei noch das Überwachen der Hausaufgaben der Kinder ließen keine freie Zeit für den dazu erforderlichen Aufwand.

Etwas mehr als zehn Jahre später hat sich Gabrieles Leben wieder stark verändert. Gegenüber von ihrem Laden, der lange Zeit hervorragend lief, hatte sich die Filiale einer großen Optikerkette niedergelassen und systematisch die Preise kaputtgemacht. Irgendwann entschloss sich Gabriele zum Aufgeben, liquidierte ihr Geschäft und machte Kasse. Irgendwie war sie gar nicht traurig, denn insgesamt passte es zeitlich in ihr Leben: Die Kinder hatten das Abitur und waren aus dem Haus, ihr Mann, ein paar Jahre älter, hatte sich mit 60 pensionieren lassen, und sie selbst hatte auch nicht mehr große Lust, von früh bis spät im Laden zu stehen. Was aber über die Jahre beständig geblieben war, war die Sache mit dem Segeln. Es war ein gemeinsames Interessengebiet, war auch gut für die Beziehung – das »Hiwi-Gefühl« war jedoch geblieben. So machte Gabriele schließlich im ersten Jahr ihres neuen Lebensabschnitts den »A-Schein«, der inzwischen »Sportbootführerschein Binnen« heißt, und den »BR-Schein«, womit sie im »Fahrgebiet den Bereich der Küsten-gewässer von Nordsee, Ostsee und Mittelmeer« besegeln darf, und schließlich den »BK-Schein«, mit dem sie sich »bis zu einem Abstand von 60 Seemeilen von der Küste« entfernen kann. Was nun ansteht, so meint sie, ist der »C-Schein«, denn dieser »umfasst den Bereich der Hochsee«, und sie und ihr Mann wollen sich noch »den großen Traum einer Atlantiküberquerung gönnen. Dazu brauchen wir kein eigenes Boot, das kann man auch leihen oder mit anderen Leuten teilen«, erzählt sie.

Ein wahrlich schöner Traum! Und ein tolles Gefühl, die Segel in der eigenen Hand zu haben!

Binnenschiffer, Theologe, Rektor,
Hausrenovierer

Karl Neumann, gelernter Diplom-Theologe, war zuletzt Rektor an einer Realschule in der Nähe von Köln und wurde mit 55 aus gesundheitlichen Gründen frühpensioniert. Als er ging, hatte er einen starken Hörschaden und eine Krebserkrankung, die aber, da rechtzeitig erkannt, geheilt werden konnte.

Zu seiner Stelle als Lehrer und später als Rektor war er nicht ganz geradlinig gekommen. Mit einer Lehre als Binnenschiffer hatte er angefangen, dann das Abitur nachgeholt, schließlich studiert – und so wurde er Beamter, der im Schuldienst immer wieder versetzt wurde und mitsamt seiner Familie mehrfach umziehen musste.

Sein erstes Haus, ein älteres Baujahr, günstig gekauft, aber stark renovierungsbedürftig, hatte er bereits mit 29 erworben und als »Bauhelfer und Bauherr in einer Person« seine Neigung zum Handwerk und zum Organisieren entdeckt. »Ich fand eine Arbeitszufriedenheit«, schreibt er, »die mir von der Schule nicht geboten werden konnte.« Dafür aber die Sicherheit als Beamter, ein geregeltes Einkommen und eine überschaubare Arbeitszeit. Also blieb er, zog mehrfach wegen der Karriere um, verkaufte jedes Mal sein Haus, um ein neues zu kaufen und dieses zu renovieren – er wurde in dieser Tätigkeit immer erfahrener und versierter. Und in all den Jahren hatte er zwischendurch sogar noch Zeit, sich ein kleines Feriendomizil in Spanien anzulachen. Natürlich legte er auch hier die eigene Hand mit an.

So wuchs neben dem eigentlichen Beruf ein sehr brauchbares Hobby heran, das zwar zeitweise durch bestimmte Ruhe- und Krankheitsphasen unterbrochen war, aber letztlich machte ihm das Umbauen und Renovieren von Häusern mehr Spaß als der eigentliche Job an der Schule.

Als er schließlich aus Gesundheitsgründen frühpensioniert wurde, fühlte er sich zwar unfähig für den weiteren Schuldienst, nicht aber für seine Nebentätigkeit, den Erwerb und die Renovierung alter Häuser. Nicht mehrere gleichzeitig, sondern schön gemächlich, »one at a time«. Natürlich macht er nicht mehr alles selbst, sondern konzentriert sich auf die Organisation, den Einkauf und den Verkauf. »Schön überschaubar und ohne Stress.« Inzwischen hört er sogar wieder besser, seine Krebserkrankung gilt als geheilt und mindestens vier Mal im Jahr macht er Urlaub, meist in seinem Häuschen in Spanien.

Seine weiteren Ziele sind: »Nicht auf dem Sofa sitzen, mich weiterhin körperlich und geistig auf Kleinbaustellen beschäftigen, namentlich auch bei der Wohnungsrenovierung für alte Menschen und im sozialen Dienst.«

»Meine Bilder hängen in
der ganzen Welt«

Erich Seiler war im mittleren Management bei einem namhaften Logistikunternehmen tätig gewesen. Beruflich war es bedingt, dass er viel und in vielen Ländern reise, und im Laufe seines Lebens waren einige geschäftliche Kontakte in den Privatbereich übergegangen, aus einem Geschäftspartner wurde der eine oder der andere zum Freund. Sein Talent zum Malen hatte schon sein Lehrer in der Mittelschule erkannt und ihm zu einem Beruf im gestalterischen Bereich, etwa Grafiker oder Designer, geraten. Erich war jedoch den Bedenken seiner Mutter gefolgt, die der Meinung war: »So eine künstlerische Sache ist etwas Unsicheres«, und lernte schließlich Speditionskaufmann. Seine Lehre ergänzte er durch ein Studium in Betriebswirtschaft und so machte er seine Karriere als Kaufmann und nicht als Maler oder Grafiker.

Das Malen hatte er schon fast vergessen, als er eine Frau kennen lernte und heiratete. Sie hatte ebenso, ganz nebenbei, ein künstlerisches Händchen. Sie besuchte irgendwann einen Kurs an der Volkshochschule, brachte Farben und neues Leben ins Haus – und Erich war verwundert über ihre Talente und die Fortschritte, die sie bereits nach einem ersten Semester machte. Mit viel Sympathie, aber auch leichtem Neid schaute er dabei zu und erinnerte sich dabei an seine eigenen frühen Talente. Inzwischen war er vom Alter her in der Mitte der 40. Sein Beruf hatte ihn bislang vernünftig ernährt und machte ihm auch Spaß, aber es war auch für ihn durchaus noch Platz für etwas anderes, für eine neue Freizeitbeschäftigung. In einer großen deutschen Wochenzeitung fiel ihm unter der Rubrik »Hobbyreisen« das Angebot für einen einwöchigen Malkurs ins Auge. Er ließ sich die Unterlagen schicken. Was er sah, gefiel ihm, und schließlich entschloss er sich zusammen mit seiner Frau für einen Kurs in Aquarellmalen. »Die ersten Tage verliefen fürchterlich ungelenkig, so, wie wenn ich nach langer Zeit wieder zu schreiben angefangen hätte«, erinnert er sich, »aber was ich nach dieser Woche produzierte, erstaunte und ermutigte mich gleichzeitig, ich musste förmlich weitermachen.« So knüpfte er da an, wo er in der Schule vor mehr als 25 Jahren aufgehört hatte. Es folgten weitere Kurse an der Volkshochschule und in den Ferien. Ein Zimmer in ihrer Wohnung wurde schließlich ausgeräumt und in ein kleines Atelier verwandelt.

So kam es, das Erich neben seinem anstrengenden Beruf einen Ausgleich hatte und zugleich etwas, das ihn ablenkte und auf völlig neue Gedanken brachte. Auch sein Freundeskreis hatte sich dadurch erweitert, denn über die Kurse traf er auf eine ganze Reihe neuer Gesichter und auf Menschen aus allen möglichen Bereichen. Ein Mal im Jahr stellte man zusammen aus und Erich hatte sich zur Gewohnheit gemacht, dass er zu sehr günstigen Preisen verkaufte und auch immer wieder Bilder an Freunde verschenkte. »Bilder an der Wand waren schließlich wichtiger als Bilder in der Schublade« – und er freute sich immer wieder, wenn er Freunde besuchte und dort eines seiner Werke hängen sah. Und Freunde hatte er in der ganzen Welt.

Als man ihm mit 55 das Programm zur Altersteilzeit vorlegte, entschloss er sich ziemlich rasch, dieses anzunehmen, die ersten zweieinhalb Jahre voll zu arbeiten, um mit 57 ½ in die »Ruhezeit« gehen zu können und folglich mit 60 sein berufliches Leben endgültig als Frührentner zu beschließen. Es war nahe liegend, dass er sein Hobby nunmehr mit 57 ½ zur eigentlichen Berufung umwandelte. Er malt seitdem ohne Stress und ohne Verkaufsdruck, verkauft noch immer unter Wert, verschenkt auch noch gar manches Bild und freut sich, wenn er verschmitzt lächelnd von sich sagt: »Meine Bilder hängen in der ganzen Welt!«

»Es geht uns gut, weil wir Mut hatten ...«

Gina Eichenauer und Peter Beisert (Namen auf eigenen Wunsch unverändert) waren genau 33 Jahre lang Kollegen und bei einer internationalen Mineralölfirma im Frankfurter Raum beschäftigt, als ihnen die Firma klarmachte: »Wir brauchen Euch nicht mehr«, und als einzige Alternative ein Frühpensionierungsprogramm anbot. Er war damals Geschäftsführer und 56, sie Managementassistentin und 53. Fünf Jahre später schreiben sie zu diesem Erlebnis und zu ihrem Neuanfang:

»Der Schock saß damals tief und die Orientierungslosigkeit über das weitere Leben war groß, aber gleichzeitig sahen wir auch die Chance, uns einen lang gehegten Lebenstraum zu erfüllen. Wir wollten wissen, ob wir als geführte Geschöpfe, die an Handbuch, Vorgaben, Vorgesetzte und Richtlinien gebunden waren, noch die Fähigkeit besaßen, selbstständig zu handeln. Wir haben gemeinsam den Mut gehabt, am Tage nach der Pensionierung die Selbstständigkeit in einem völlig anderen Bereich, und zwar der Solartechnik, zu beginnen. Wir haben den Mut gehabt, mit einem neuen Produkt in einen großen Markt zu treten, nicht wissend, was die Zukunft bringt, aber mit heißem Herzen und großem Einsatz ein neues Leben zu beginnen. Wenn wir also Ihre Frage ›Was tun Sie jetzt?‹ in diesem Augenblick beantworten, dann tun wir dies als selbständige Kaufleute, die sich einen Lebenstraum erfüllt haben und darüber gerne berichten. Wenn wir Ihre Frage ›Wie geht es Ihnen?‹ beantworten, so sagen wir: Es geht uns gut, weil wir den Mut hatten, etwas zu tun, von dem andere glaubten, dass wir es nicht schaffen würden!«

Und die Reaktionen von Kollegen, Freunden oder Bekannten?

»Sehr unterschiedlich. Sie reichten von Zustimmung, mitleidigem Lächeln, neidischer Beobachtung bis zu missgünstigen Kommentaren.«

Und die Familie?

»Sie hat die Entscheidung voll mitgetragen.«

Was fehlt Ihnen noch?

»Der ganz große Durchbruch.«

Und was liefern Sie?

»Individuelle Hausnummern, die nachts mit Solarenergie leuchten. Von der einfachen Hausnummer bis hin zu umfangreicheren Beschriftungen, individuell in Farben und Logogestaltung, ist alles möglich!«

Wanderführer auf Mallorca

Das Wandern ist nicht nur des Müllers Lust, sondern auch das von Werner Veit und seiner Lebensgefährtin Cristina Heusinger. Man weiß, dass Mallorca berühmt ist für seinen Ballermann, beliebt als Domizil der Schönen und der Reichen, aber nicht jedermann weiß, dass man dort auch herrlich wandern kann – wenn man die Wege kennt. Denn ein Großteil der Insel ist in privater Hand, es gibt nur wenige offizielle Wanderrouten, viele Pfade enden am Zaun einer Finca oder im Gestrüpp des Nirgendwo.

Über 30 Jahre lang war Werner Veit selbständig in der Gastronomie gewesen, als er mit 52 die Nase voll hatte von seiner überlangen

Arbeitszeit, dem Trubel und der ganzen Hektik. Cristina hatte sich 22 Jahre geplagt und war 48, als sie aufhörte. Ihre Urlaube hatten sie meist wandernd in den deutschen, österreichischen und französischen Bergen verbracht.

Nach Mallorca kam Werner vor Jahren durch einen Zufall. Der örtliche Fußballverein hatte eine Reise auf die Insel geplant, irgendwer fiel aus, man suchte einen Ersatzmann, Werner fuhr mit. Die meisten seiner Mitreisenden blieben beim Ballermann hängen, Werner ging lieber in die Berge und war schlagartig vom Reiz der Insel gefesselt. »Dass man auf Mallorca auch wandern kann, davon hatte ich schon gehört, doch dass die Berge der Insel so phantastisch sein würden, damit hatte ich nicht gerechnet«, erzählt er. So kam er wieder und wieder und kaufte sich irgendwann dort eine Wohnung.

Als sie ihren Betrieb verkauften, war für beide klar: »Wir ziehen nach Mallorca.« Aber was tun auf der Insel? Unter Menschen, die eine andere Sprache sprechen, die andere Gewohnheiten haben, wo zwar viel Sonne scheint, ansonsten aber doch vieles anders ist als das, was einem lieb und vertraut ist.

Werner fing an, die Gegend zu Fuß zu erkunden, er ging spazieren, wanderte, lernte die Insel noch genauer kennen. So stellte er nacheinander ein Bündel von Routen zusammen, die er akribisch vorbereitete, sie zusammen mit seiner Lebensgefährtin genau ablief und für sich markierte, er machte sich mit allen örtlichen Gegebenheiten vertraut. Er kennt nun die Besitzer der Fincas, deren Gelände er überqueren muss, er kann Geschichten über die Insel und deren Menschen erzählen, er kennt die Flora und die Fauna.

Schon sechs Monate nach seinem Umzug auf die Insel bot er zunächst seine Dienste als Wanderführer lokal an, dann einigen größeren deutschen Reiseveranstaltern. Inzwischen sind er und Cristina beide gut im Geschäft und ausgebucht von Januar bis Mai und von September bis November, wenn die Hauptsaison ist. »Es bleibt kaum noch Zeit für den Urlaub vom Dauerurlaub«, sagt er schmunzelnd und mit einem Augenzwinkern. Und akzeptiert und integriert sind sie bei der einheimischen Bevölkerung durch ihre Tätigkeit ebenso. Sie kennen die Fincabauern, Forstleute, Restaurantbesitzer, Bus- und Taxifahrer, all die Kontaktpersonen, die man für so eine Organisation eben braucht, und haben nebenbei noch eine ganze Reihe von deutschen und mallorcinischen Freunden.

»Ich habe nicht mehr ganz die Geldmittel wie zu meiner Zeit als Gastronom in Deutschland, aber mit ganz kleinen Einschränkungen können wir hier trotzdem hervorragend leben. Soziale Kontakte und Anerkennung haben wir durch unsere Wandergäste und die vielen Einheimischen, die wir durch unsere neue Aufgabe getroffen haben«, erzählt er. Und: »Hier auf Mallorca wollen wir bleiben!«

Vom Zahnarzt in Ligurien zum Antennenbauer auf Teneriffa

Auf meiner Suche nach den deutschen Aussteigern und Frühpensionären im Ausland habe ich eine ganze Menge interessanter Menschen getroffen. Da war der 62-jährige Zahnarzt aus München, der sich in seinen geschäftigen Jahren ein kleines Häuschen in einem ligurischen Bergdorf gekauft hatte, mit 60 seine Praxis liquidierte und kurz darauf ganz nach Italien zog. »Als ich mir nach einem Jahr bereits nachmittags um fünf Uhr den ersten Rotwein einschenkte, war mir klar, dass ich wieder etwas tun musste«, berichtet er ganz ehrlich und ohne Scheu, »ich wollte auf keinen Fall mehr den Stress der Praxis, aber ein paar Stunden am Tag oder in der Woche konnte ich mir vorstellen, wieder kaputte Zähne zu reparieren.« Sprach's und ließ sich einen gebrauchten Zahnarztstuhl aus Deutschland kommen und richtete sich ein Zimmer als kleine Praxis ein. In Rahmen von »Nachbarschaftshilfe« und auf freier Spendenbasis, versteht sich. Der »Dottore« ist inzwischen hoch angesehen im Dorf und in seiner Umgebung, wird mit frischem Obst, Gemüse, Wein, Käse, Olivenöl und Salami versorgt und fühlt sich wieder rundherum wohl. »Manchmal wird es mir fast zu viel und natürlich schicke ich alle bedeutsamen Fälle zu den Kollegen im nächsten größeren Ort, denn ich will denen ja schließlich keine Konkurrenz machen«, sagt er von sich selbst, »und den Rotwein mache ich jetzt wieder zwei Stunden später auf.«

Einen anderen Arzt, einen ehemaligen Chefarzt der Chirurgie, kenne ich auf Gran Canaria. Es hatte sich schnell herumgesprochen, dass er »Medico« war. Die Leute aus der Umgebung sprachen ihn gerne an, wenn sie kleinere oder größere Wehwehchen hatten. Auch er arbeitet unentgeltlich, berät mehr, als dass er selbst lange Behandlungen macht, und ist nun ebenso bestens integriert in seiner spanisch sprechenden Umwelt.

Ein Diplompsychologe und Psychotherapeut aus Nürnberg sitzt seit mehr als zehn Jahren auf Teneriffa. Mit Anfang 50 war es ihm hier zu kalt geworden. Was macht er? Na klar: Er therapiert die vielen Deutschen auf Teneriffa und braucht sich um Aufträge schon lange nicht mehr zu sorgen.

Aus La Gomera kenne ich den deutschen Computerfreak, einen ehemaligen Lehrer, frühpensioniert wie die meisten seiner Kollegen, der sich einen Namen – und Beschäftigung – dadurch verschaffte, dass er seinen Landsleuten (und nicht nur denen) beim Umgang mit Windows, Word und dem Internet hilft. Wer's will, für den schreibt er auch eine eigene Homepage. Er ist sehr begehrt und auch angesehen, weil jeder einmal Probleme mit seinem Computer hat und dann schleunigst nach dem Lehrer verlangt. Und seinen Kunden tut der Umgang mit der Maschine auch gut: Ihre sture Logik zwingt zu entsprechendem Denken und Gehirntraining; der besten Vorbeugung gegen Alzheimer und Gehirnverkalkung.

Und schließlich der ehemalige Elektromeister aus Dortmund, inzwischen auch auf Teneriffa sesshaft, der rasch erkannte, was alle seine Landsleute gemeinsam haben und, falls sie es nicht schon hatten, schleunigst wollten: eine Schüssel auf dem Dach, mit der man alle deutschen Fernsehprogramme empfangen kann. Ein ganzes Geschäft wollte er zwar nicht mehr, aber irgendwann wieder ein bisschen was tun. Und so ergab es sich, dass er anfing, für ausgesuchte

Kunden kleinere Elektroarbeiten zu übernehmen und vor allem Schüsseln auf den Dächern zu montieren. Damit ist er genauso viel beschäftigt, wie er will, verdient ein bisschen Extrageld dazu und hat Kontakt mit Menschen.

Ein paar Beispiele, was unsere Landsleute im Ausland so unternehmen, wenn sie von der Langeweile eingeholt werden, und wie sie diese kurieren. Denn irgendwann bringt ganz offensichtlich der dauerhafteste Sonnenstrahl nicht mehr die Erfüllung, die man braucht. Man will – man muss! – wieder etwas tun. Meist nicht mehr in dem Ausmaß wie früher, dafür aber in einem Umfang, der Spaß macht. Und häufig auch in einem ganz anderen Umfeld als früher, mit einer gänzlich anderen Thematik. Irgendwann wird es offensichtlich auch auf dem bequemsten Sofa zu gemütlich. Man wird den Zeitpunkt sicherlich von selbst erkennen. Und dann heißt es eben »runter von der Couch« und wieder maßvoll hinein ins Leben. Vielleicht in ein anderes, in ein neues Leben.

Einige Anmerkungen
zum Schluss

Das mit der Arbeit und dem Nichtstun ist so eine Sache! Steht man im Berufsleben, hat man meistens zu viel Arbeit und sehnt sich nach dem Nichtstun. Hat man nichts zu tun – wird man sich über kurz oder lang nicht nur nach Arbeit sehnen, sondern sich sogar eine schaffen. Ich erinnere an den alten Kalauer, der die Frage stellt: »Was macht der Mensch, wenn er keine Arbeit hat?« Und dazu die Antwort: »Er schafft sich eine.« Auch Aristoteles hatte sich schon vor mehr als 2 000 Jahren mit der gleichen Problematik beschäftigt und kam zu dem Schluss: »Denn wenn auch beides sein muss, so ist doch das Leben in Muße dem Leben der Arbeit vorzuziehen; aber die Hauptfrage ist, mit welcher Art von Tätigkeit man die Muße auszufüllen hat.«

Im Klartext bedeutet das, der Mensch braucht Arbeit, selbst kleinste Kinder suchen ständig eine Beschäftigung, im Alter ist es nicht anders! Wer nichts tut, der läuft Gefahr, dass sich Unzufriedenheit, Nutzlosigkeit und letztlich Altersdepression einschleichen. Wir sind »verdammt zu arbeiten« – aber gleichzeitig ist Beschäftigung der eigentliche Inhalt des Lebens.

Wenn man nun Arbeit tatsächlich braucht, dann stellt sich unvermittelt die Frage »Warum dann nicht bis 60 oder gar 65 arbeiten?«. Klar – es ist eine Möglichkeit, sofern man bleiben will oder kann. Und solange das, was man tut, Spaß macht und Befriedigung gibt. Mir persönlich hat mein damaliger Job bei HP beides gegeben. Aber trotzdem war's irgendwann genug. Es war für mich an der Zeit, rechtzeitig etwas anderes zu tun, mich in einen neuen Lebensabschnitt zu begeben, auf neue Ideen zu kommen, etwas Neues anzufangen. Auf keinen Fall wollte ich langsam im Stress ausbrennen. Ich möchte diese inzwischen vier Jahre, die seit meinem Ausstieg vergangen sind, auch nicht mehr gegen meine ehemalige Anstellung eintauschen. Ich fühle mich seitdem freier, unabhängiger, kann viel spontaner das tun, wozu ich Lust habe, muss mich nach niemandem mehr richten und verbiegen. Natürlich sind da manchmal Leerläufe und auch Langeweile kenne ich. Aber war das vorher nicht? Kein Leben verläuft in einer geraden Linie von nur Positivem!

Weil der Mensch grundsätzlich ein kreatives Wesen ist, das beschäftigt sein will und für das Arbeit ein ganz wesentlicher Inhalt ist, ist es ratsam, sich eindringlich mit dem Alterungsprozess und dem zwangsläufigen Verlust eines gewohnten Lebensinhaltes auseinander zu setzen. Die Beendigung eines Arbeitsverhältnisses ist mit einer Scheidung, Trennung von einer langen Beziehung vergleichbar, die verarbeitet werden will. Je jünger man dabei ist, umso leichter fallen der Abschied und ein Neuanfang.

Dabei kann der Eintritt in eine frühzeitige Pensionierung aus verschiedenen Gründen geschehen:
• *unfreiwillig* – weil ein Unternehmen aufgibt, Betriebsteile stilllegt oder rationalisiert, oder weil man krank wird;
• *freiwillig* – weil einem Altersteilzeit oder ein besonderes Frühpensionierungsprogramm angeboten wird.

Ob freiwillig oder unfreiwillig, in jedem Fall handelt es sich um einen Verlust, nämlich den des Arbeitsplatzes, einer speziellen Tätigkeit, von vielseitigen Kommunikationsmöglichkeiten und einem sozialen Umfeld, an das man lange Jahre gewöhnt war, egal ob man sich darin wohl oder unwohl gefühlt hat. In der Regel hat man eine Menge dafür getan, um da zu sein, wo man mit Mitte 50 oder auch mit 60 ist – und mit dem Tag der Pensionierung ist alles oder das meiste davon weg. Über den Verlust von Macht und Status wurde an anderer Stelle ausführlich gesprochen. Diesem Schmerz kann und soll man sich nicht entziehen. Er bedarf des Abstands und der Verarbeitung, wobei beides schon deutlich vor dem Tag des endgültigen Ausscheidens beginnen kann! Insbesondere dann, wenn der »Ausstieg« irgendwo in der fünften Lebensdekade kein freiwilliger Akt ist, sondern man mehr oder weniger in den Abschied gelobt oder gezwungen wird, sei es durch gezieltes Mobbing, durch Betriebsstilllegungen, durch Firmenpleiten oder auch durch die Verlegung der Firma an einen anderen Ort. Dann ist der Abschied in der Regel verbunden mit Verbitterung, Wut, Frustration und häufig auch mit Hoffnungslosigkeit, weil man keinen vergleichbaren Job mehr finden wird. Auch für diese Menschen habe ich dieses Buch geschrieben. Denn die Situation ist nicht viel anders: In jedem Fall begibt man sich – freiwillig oder unfreiwillig – in einen neuen Lebensabschnitt, der einen vor eine Reihe von Veränderungen und Herausforderungen stellt, der aber genauso eine große Chance bieten kann!

Beginnen Sie mit einer Reise

Für den ersten notwendigen Abstand empfehle ich eine Reise. Und zwar möglichst unmittelbar nach dem Abschied von der Arbeit. Diese schafft Distanz, macht erst mal Freude und gibt häufig neue Impulse. Deswegen eine Reise, nicht als Flucht! Vielmehr soll es um Erholung gehen, ein Zu-sich-selbst-Kommen, eine Zeit der Reflektion und des Entstehenslassens von etwas Neuem. Gönnen Sie sich dafür Zeit, seien Sie gütig mit sich selbst und vor allem geduldig. Sie haben ein Leben lang gearbeitet – jetzt brauchen Sie Zeit zur Entwöhnung und zur Gewöhnung an einen neuen Rhythmus.

Irgendwann werden Sie sogar (vielleicht) unter Entzugserscheinungen leiden wie ein Raucher. Dann seien Sie erst recht gütig mit sich selbst, möglicherweise sollten Sie jetzt in Ihre Mappe greifen mit dem Titel »Ideen für nachher« und nachlesen, was Sie schon lange tun wollten, wofür Sie aber bisher keine Zeit hatten. Es ist bestimmt noch eine Menge dabei.

Ändern Sie Ihren
Wertebegriff

Was immer Sie von nun an tun, denken Sie daran, es geht nicht mehr darum, dass Sie aus einer Tätigkeit möglichst viel Geldwert schaffen, sondern um das Tun an sich. Leider werden Sie auch oft genug feststellen, dass Sie für das, was Sie von jetzt an tun, völlig über- oder zumindest anders qualifiziert sind! Aber erinnern Sie sich: Ihr Berufsleben ist vorbei – jetzt ist Zeit für etwas Neues, für etwas anderes. Und jeder Neuanfang mag zwar erst einmal schwierig sein, beinhaltet aber auch den Reiz und den Charme des Lernens, des Entdeckens.

Genauso sollten Sie von nun an Ihre Zeit nicht mehr in Jahres- oder Monatsgehältern bemessen, nicht einmal an einen Stundenlohn sollten Sie denken. Es ist vorbei. Und wenn Sie zumindest einigermaßen freiwillig aus dem Berufsleben ausgeschieden sind, werden Sie es auch nicht mehr ganz so notwendig brauchen. Hobbys oder Ehrenämter spielen sich auf dem Niveau des Nulltarifs ab – können aber enorm viel Befriedigung geben! Ein Mehr an mehr ist schließlich nichts mehr wert. Es sei denn, man braucht es wirklich.

Messen Sie ihren »Output« nicht mehr an Geld, sondern am Lustprinzip. Auch nicht an Prestige oder an Meriten. Die Orden, die Sie wollten, haben Sie längst erreicht – oder auch nicht. Im letzteren Fall wollen Sie vielleicht überprüfen, ob Sie einige Orden überhaupt und wirklich wollten, oder ob es besser war, sie nicht zu verdienen. In jedem Fall ist im letzten Drittel des Lebens eine andere Werteskala dran! Eine, die sie selbst erstellen können und die ihnen niemand mehr aufoktroyieren kann. Sie dürfen unabhängig sein!

Zeitweise Orientierungslosigkeit
ist ganz normal

Verzweifeln Sie nicht, wenn Sie sich ab und zu orientierungslos fühlen, wenn Sie eine Zeit der Leere spüren, nicht wissen, wohin Sie gehen sollen, was neue Inhalte bieten könnte. Es kann sein, dass Sie sogar irgendwann in eine regelrechte Sinnkrise geraten. Auch das kommt vor und geht hoffentlich vorüber. Aber erinnern Sie sich: Das war schon immer mal so! Es ist überhaupt nicht neu, wenn Sie an Ihr früheres Leben denken und es Revue passieren lassen. Es gab immer solche Perioden. Bei jedem und in jedem Leben! Wann immer Sie einen Schritt in eine neue Richtung getan haben, waren da Unsicherheiten und nicht immer jemand, der Ihnen sagte, wo es langgeht und was zu tun ist. Meist waren Sie dann auf sich selbst angewiesen und haben auch eine Richtung gefunden. Jetzt ist es nicht anders. Und genauso wenig wie früher können Sie vorhersehen, was am nächsten Tag passiert oder was und wer Ihnen in einem Monat begegnet. Wichtig ist, dass Sie in solchen Zeiten die Augen offen halten, sich innerlich für Neues öffnen und auch manchmal unbekannte, neue Dinge wagen, dass Sie immer wieder das Risiko eingehen, nicht mehr der große Macher zu sein, sondern dass Sie bei jedem neuen Spiel erst einmal ein Anfänger sind und lernen müssen, das richtige Schrittmaß zu finden. Den größten Teil des Lebens verbringen wir mit Warten – in den Leerräumen zwischen den Ereignissen – und mit Schlafen. Warum sollte es jetzt anders sein? Machen Sie sich immer wieder bewusst, dass Sie jetzt viel Freiheit gewonnen haben, und konzentrieren Sie sich auf das, was Sie damit an Möglichkeiten haben. Vergessen Sie, was Sie nicht mehr haben oder nicht mehr haben können! Sie befinden sich in einer anderen Lebensphase, mit anderen Feinheiten, Werten und Herausforderungen. Es liegt an Ihrer geistigen Einstellung, diese entsprechend zu sehen.

Hören Sie auf, sich über Leistung zu definieren

Auf Leistung sind wir von früh an getrimmt. Es geht schon als Kleinkind los, wenn wir erfolgreich ins Töpfchen gemacht haben und die Mama (und uns selbst) erfreuen lernten. In der Schule ging's weiter, auch in der Berufsausbildung oder im Studium. Und dann üben wir ein Leben lang einen oder auch mehrere Berufe aus, haben gelernt, von Leistung abhängig zu sein, denn nur dadurch bekommen wir Lob, Anerkennung und schließlich auch Geld. Wer etwas Messbares geleistet hat, ist gut. Wer nichts Erkennbares arbeitet, ist faul. So ungefähr sind, platt ausgedrückt, die Messkriterien. Dabei gelten als Maßstäbe die Produkte von körperlicher oder geistiger Arbeit, die verkauft werden können und wo möglichst ein sichtbares, vorzeigbares Etwas herauskommt. Ob das, was dabei herauskommt, gut oder schlecht, sinnvoll und brauchbar ist, ist egal. Es ist auch egal, ob man es selbst braucht – denn bisher hat man seine Zeit ja verkauft und damit diente man einem unpersönlichen, oft abstrakten Etwas, irgendeiner Organisation. Hauptsache, das Ergebnis war sichtbar und allgemein erkennbar, gesellschaftlich anerkannt.

Eine enorme Falle, denn wo zum Beispiel ist äußerlich erkennbar, wenn Sie Bücher lesen oder sich fortbilden? Wo ist der äußere Wert, wenn Sie spazieren gehen und über sich selbst und das Leben nachdenken? Wo ist für Sie der Geldwert, wenn Sie freiwillig und zum Nulltarif in einer Hilfsorganisation arbeiten? Ist es nicht auch eine Leistung, wenn Sie sich jetzt mehr mit Ihrer Familie und den möglichen Enkelkindern beschäftigen? Wo ist der »anerkannte« gesellschaftliche Status, wenn Sie sagen: »Ich mache nur noch das, was mir Spaß macht«? Also was bleibt? Sie müssen sich neu definieren und an neuen (eigenen!) Wertmaßstäben messen. Und dies ohne die Meßlatte »Geld«. Vor allem müssen Sie zu sich selbst stehen und dazu, dass Sie früher als die anderen aus dem Berufsleben ausgestiegen sind! Würdigen Sie immer wieder die »geschenkten« Jahre!

Geben Sie Ihrem Tag
eine Struktur

Nachdem Sie den Schritt in ein neues Leben getan haben, werden Sie irgendwann, nachdem Sie die ersten Reisen hinter sich haben, das Haus oder die Wohnung umgebaut haben, ein gewisses Erschrecken vor der vielen offenen Zeit haben. Bisher war Ihr Tagesablauf fest geplant, Sie gingen morgens zu Ihrer Arbeit, alles lief nach einem bestimmten Schema ab, abends kamen Sie nach Hause, der Tag war vorbei, die Wochenenden und die Urlaube waren stets zu kurz. Jetzt ist es auf einmal genau umgekehrt. Jeder Tag ist Sonntag und kein Mensch hält Ihnen mehr einen Terminplan unter die Nase. Nach der ersten Euphorie kann (muss nicht!) eine gewisse Leere eintreten. Gestehen Sie sich auch dieses Gefühl zu! Jede Entwöhnung, jede Umstellung braucht ihre Zeit. Aber bringen Sie langsam wieder eine gewisse Struktur in Ihren Alltag. Ersetzen Sie die feste Struktur des gewohnten Arbeitstages durch eine neue Struktur, durch einen lockereren, von Ihnen selbst bestimmten Tagesablauf. Fangen Sie zu einer bestimmten Zeit mit Körpertraining an, dann mit Lesen oder zu was Sie sonst Lust haben und – suchen Sie sich langsam wieder eine fest umrissene Beschäftigung (oder mehrere), die Ihren Geist trainiert und die Sie befriedigt. Dies kann eines von vielen Hobbys sein, ein Gaststudium, das Erlernen einer Sprache, ein Job bei einer wohltätigen oder sozialen Einrichtung, bei einer politischen Partei oder einer Umweltvereinigung. In jedem Fall seien Sie versichert: *»Es gibt viel zu tun!«* Wir müssen es nur anpacken! Und vergessen Sie nicht, das, was Sie von nun an tun, soll – und darf – von nun an nur noch Freude machen!

Adressen von Hilfsorganisationen, Wohlfahrtsverbänden, gemeinnützigen und anderen Organisationen

Wenn Sie grundsätzlich etwas Neues suchen, etwa eine freiwillige bzw. ehrenamtliche Tätigkeit, etwas, das der Allgemeinheit dient oder einzelnen Personen, denen sonst kaum jemand hilft, so will ich im Folgenden eine kleine Liste von gemeinnützigen und sozialen Einrichtungen weitergeben, die dringend auf die Mitarbeit von Helfern angewiesen sind. Auch für diejenigen, die sich weiterbilden wollen, ist etwas dabei. Diese Auflistung ist ein kleiner Auszug aus der Fülle von Möglichkeiten, die Menschen über 50 zur Verfügung steht, und erhebt keinerlei Anspruch auf Vollständigkeit! Das Internet ist vergleichbar mit einem »schwarzen Loch«, das täglich neue Informationen bietet – nur ist es nicht immer einfach, die richtigen zu finden.

Ich habe mich jeweils auf die Angabe der Homepage im Internet beschränkt, weil inzwischen mehr als 50 Prozent der Menschen über 50 in Deutschland über einen eigenen Internetzugang verfügen – und die, die keinen haben, sicherlich jemanden kennen, der einen hat. Außerdem: »Wer suchet, der findet!«

Für nähere Informationen geben Sie die jeweilige Adresse ein oder, falls der Empfänger nicht sofort auftaucht, geben Sie den vollen Namen oder die Thematik, die Sie interessiert, über eine Suchmaschine wie *Google.de* oder *Yahoo.de* ein. In der Regel erscheint dann der entsprechende Adressat an erster Stelle.

Amnesty International	*www.amnesty.de*
Arbeiter-Samariter-Bund	*www.asb-online.de*
Arbeiterwohlfahrt	*www.awo.org*
Caritasverband	*www.caritas.de*
Der Paritätische Wohlfahrtsverband	*www.paritaet.org*
Deutsches Rotes Kreuz	*www.drk.de*
Deutscher Sportbund	*www.dsp.de*
Diakonisches Werk	*www.diakonie.de*
Die Tafeln	*www.tafel.de*
Johanniter	*www.johanniter.de*
Greenpeace Deutschland	*www.greenpeace.de*
Malteser	*www.malteser.de*
Seniorexperten im In- und Ausland	*www.ses-bonn.de*
SOS-Kinderdörfer	*www.sos-kd-org*
Sozialverband VdK Deutschland	*www.vdk.de*
Technisches Hilfswerk	*www.thw.de*
Telefonseelsorge	*www.telefonseelsorge.de*
Weißer Ring	*www.weisser-ring.de*

Unter *www.gemeinsinn.de* bietet die Aktion Gemeinsinn eine bundesweite Datenbank zu ehrenamtlichen Tätigkeitsbereichen mit über 700 Adressen, geordnet nach Gemeinden.

Viele Städte und Gemeinden kümmern sich auf ihrer eigenen Homepage um das Engagement ihrer Bürger, z.B. die Stadt München unter *www.muenchen.de/ehrenamt.* Geben Sie doch einmal den Namen Ihrer eigenen Gemeinde ein, sie ist bestimmt im Internet vertreten – und Sie werden über die Informationen, die Sie dort finden, erstaunt sein!

Darüber hinaus werben die einzelnen Bundesländer um Freiwilligenarbeit. Beispiele:

Baden-Württemberg	www. buergerengagement.de
Bayern	www.br-online.de/poltik/buerger/boerse
Nordrhein-Westfalen	www.infopool-nrw.de
Saarland	www.pro-ehrenamt.de/boerse

Die Stiftung »Bürger für Bürger« bietet breite Informationen zu Ehrenämtern unter www.buerger-fuer-buerger.de, ebenso die »Akademie für Ehrenamtlichkeit«, unter *www.ehrenamt.de*

Ältere Menschen, die sich generell und namentlich an Hochschulen weiterbilden wollen, finden interessante Informationen dazu im »European Network Learning in Later Life«, vertreten durch die Universität Ulm, unter *www.uni-ulm.de/LiLL*

Und Menschen über 50 finden ein eigenes Netzwerk, das speziell »älteren Menschen« beim Einstieg in die neuen Medien, namentlich das Internet, Hilfe bietet: *www.seniorennet.de*

Anregungen für Menschen über 50 bieten außerdem: *www.seniorentreff.de* und *www.deutsche-seniorenliga.de*

Das etwas andere
Glücksbuch

Ute Lauterbach
SPIELVERDERBER DES GLÜCKS
Mit Lust und Leichtigkeit
loswerden, was uns am
Glücklichsein hindert
237 Seiten. Klappenbroschur
ISBN 3-466-30543-8

Glück ist Lebenselixier und Kost-
barkeit zugleich. Um es zu finden
und zu bewahren, ist es wichtig,
seine Freunde und Feinde zu
kennen.
Ute Lauterbach stellt das Glück
und 50 seiner Spielverderber vor,
damit wir uns auf humorige
Weise in die Glückspflege stürzen und zum genüsslichen
»Enthauptungsschlag« dieser
Spielverderber ausholen können.
Die weiterführenden Lösungs-
fragen und die von der Autorin
entwickelten Koans lassen ein
lustvolles Trainingsprogramm
entstehen.

Einfach lebendig.
PSYCHOLOGIE & LEBENSHILFE

Kösel-Verlag, München, e-mail: info@koesel.de
Besuchen Sie uns im Internet: www.koesel.de